Nasr Eddin et Diogène

(Les Très-mirifiques et Très-édifiantes Aventures du Hodja Nasr Eddin – Tome 2)

Autres publications de l'auteur

EBOOKS (Version numérique):

- Errances – recueil de nouvelles (BOD)
- Exquises Esquisses, Tomes 1 et 2 – galerie de portraits (BOD)
- Notes Bleues – écrits divers (BOD)
- Nathalie et Jean-Jacques – recueil de nouvelles (BOD)
- Les Très-mirifiques et Très-édifiantes Aventures du Hodja Nasr Eddin Tome 1 (BOD)
- Les Ysopets – 1 – Avianus (BOD)
- Les Ysopets – 2 – Phèdre version complète latin-français (BOD)
- Les Ysopets – 2 – Phèdre version en français (BOD)
- Jacques Merdeuil – nouvelle - version française (Smashwords)
- Jacques Shiteye – version anglaise – traduit par Peggy C. (Smashwords)
- Ζάκ Σκατομάτης – version grecque – traduit par C. Voliotis (Smashwords)
- Le Point Rouge – nouvelle - version française (Smashwords)
- The Red Dot - version anglaise – traduit par Peggy C. (Smashwords)

VERSION PAPIER :

- Les Très-mirifiques et Très-édifiantes Aventures du Hodja Nasr Eddin Tome 1 (BOD)
- Nasr Eddin sur la Mare Nostrum – **Tome 3** (disponible chez l'auteur)
- Le Sottisier de Nasr Eddin – **Tome 4** (disponible chez l'auteur)

Commandes – dédicaces : *christophenoel2020@gmail.com*

Nasr Eddin et Diogène

(Les Très-mirifiques et Très-édifiantes Aventures du Hodja Nasr Eddin – Tome 2)

Christophe NOËL

© 2020 – Christophe Noël
ISBN 9782322271931
Édition : BoD – Books on Demand
Dépôt légal : décembre 2020

INTRODUCTION

Nasr Eddin et Diogène, un peu d'histoire

J'étais de retour en Grèce, après trente longues années d'absence. Dans un bled, j'entame une conversation avec un papou (παπούς : grand-père) trônant sur une chaise de paille, le komboloï à la main. A un moment de la conversation, je cale :
-- Pardon, dis-je au noble vieillard, j'ai été longtemps à l'étranger, et j'ai un peu oublié la langue…
-- C'est que tu l'auras mal apprise alors, me rétorque-t-il indigné ; le Grec ne s'oublie pas !
-- Ah oui, d'accord. Et parce que vous parlez quelles autres langues en-dehors de la grecque ?
-- Aucune, le grec me suffit.

Ça aurait pu être du Nasr Eddin… Il faut dire que la Grèce, c'est ce bout de terre, empli de cailloux (tu donnes un coup de pied dans un caillou, me disait-on enfant, tu disperses un monument antique), d'herbes sauvages, et battu par les vents.

En chaque Grec, un philosophe sommeille, qui ne demande qu'à s'éveiller. Gamin, j'entendais dire que partout ailleurs dans le monde les hominidés sautaient de branche en branche, alors que les Grecs Anciens philosophaient déjà. Et ils en sont fiers, de leur histoire, d'un passé glorieux qui n'est pas le leur, mais qu'ils ont intégré. Le Grec ne vit pas au jour le jour, comme il cherche à nous le faire accroire, mais hors du temps, dans les éthers de l'éternité.

Philippe et Alexandre, rappelons-le, n'étaient pas Grecs mais Macédoniens, et ils ont soumis la Grèce entière, et élargi ses frontières aux confins de l'Inde et aux Colonnes d'Hercule.

Mais ça ne fait rien. On a bien rigolé quand même, avec tous ces philosophes : Socrate, Platon, Aristote, Diogène …

Diogène

Diogène ? Diogène de Sinope, également appelé Diogène le cynique, philosophe grec de l'Antiquité et le plus célèbre représentant de l'école cynique (Sinope v. 413 – Corinthe, v. 327 av. J.-C.). Il est contemporain de Philippe II de Macédoine, qui le fit prisonnier après la bataille de Chéronée, et de son fils Alexandre.

Disciple de Xéniade et d'Antisthène, il devient le maître, entre autres, de Monime. Parmi tous les auteurs cyniques, c'est sur Diogène que la légende a accumulé le plus d'anecdotes et de mots d'esprit, issus notamment de l'ouvrage de Diogène Laërce ; cette foison rendant leur authenticité douteuse. Les portraits de Diogène qui nous ont été transmis divergent parfois, le présentant tantôt comme un philosophe, débauché, hédoniste et irréligieux, tantôt comme un ascète sévère, volontaire, voire héroïque.

La masse d'anecdotes légendaires sur Diogène de Sinope montre en tout cas que le personnage a profondément marqué les Athéniens. Ce premier anarchiste de l'Histoire vivait dehors, dans le dénuement, vêtu d'un simple manteau, muni d'un bâton, d'une besace et d'une écuelle. Dénonçant l'artifice des conventions sociales, il préconisait en effet une vie simple, plus proche de la nature, et se contentait d'une grande jarre couchée sur le flanc — en grec pithos — pour dormir.

Diogène avait l'art de l'invective et de la parole mordante. Il semble qu'il ne se privait pas de critiquer ouvertement les grands hommes et les autres philosophes de son temps (parmi lesquels Platon).
Un personnage dans les pas duquel marchera le légendaire Nasr Eddin.

Nasreddine

Nasr Eddin Hodja, parfois orthographié Nasreddin ou Nasreddine (victoire de la religion), ou encore Nasrudin, est un personnage mythique de la culture musulmane, philosophe d'origine turque né en 1208 à Sivrihisar (dans le village de Hortu) et mort en 1284 à Akşehir.

Ouléma (ou mollah) ingénu et faux-naïf prodiguant des enseignements tantôt absurdes tantôt ingénieux, sa renommée va des Balkans à la Mongolie et ses aventures sont célébrées dans des dizaines de langues, du serbo-croate au persan en passant par le turc, l'arabe, le grec, le russe et d'autres.

Nasr Eddin vit en général à Akşehir (Turquie), dans le village de Hortu où il est né et a un cénotaphe. Il est le fils de l'imam Abdullah Efendi et de Sıdıka Hanım. Ses histoires ont parfois pour protagonistes le terrible conquérant Tamerlan (Timour Lang), pour qui il joue le rôle de bouffon insolent bien que la situation soit anachronique. D'autres histoires mettent en scène son âne et sa première femme Khadidja ; il exerce parfois la fonction de Cadi voire d'enseignant dans une médersa.

Un ou plusieurs Nasreddine ?

Il aurait vécu au VIIIe siècle à Koufa, un village d'Irak mais deux tombes existeraient : l'une dans un village d'Anatolie et l'autre en Algérie.
Cette version n'est pas si aberrante qu'elle peut le paraître, à première vue. Il existe en effet, dans le folklore italien, et, plus particulièrement sicilien, un personnage nommé Giufà, appelé parfois Giucà.

Si l'on en croit Italo Calvino, Leonardo Sciascia et d'autres, le personnage se serait développé à partir d'histoires racontées à propos de Nasr Eddin Hodja, célèbre dans la tradition populaire turque. On pense que, à l'époque où l'île de Sicile était sous domination musulmane, du IXe au XIe siècle, des histoires sur Nasr Eddin ont été absorbées par la tradition orale sicilienne, avant d'être transformées pour illustrer les normes culturelles, et finalement se transmettre à travers tout le sud de l'Italie.

C'est tout à fait digne de Nasr Eddin : que l'on conte ses exploits avant même sa naissance officielle !

J'ai par ailleurs, découvert des versions de Nasreddine à New York ! Un peu comme Tintin, sauf que l'Amérique a été « découverte » par Christophe Colomb… en 1492 !

Dernière remarque : dans le folklore grec, Nasr Eddin est un intime, comme ce fameux Karaghiozi (Karagheuz en turc), héros du théâtre d'ombres. Au point que parfois, un seul « Hodja », sans article ni autre précision, suffit à le caractériser.

Rûmi

Or il se trouve que Nasreddine est contemporain de Rûmi. Djalāl ad-Dīn Muḥammad Balkhi ou Rûmî, né à Balkh (actuel Afghanistan) dans le Khorasan (grande région de culture perse), le 30 septembre 1207 et mort à Konya (dans l'actuelle Turquie) le 17 décembre 1273, est un poète mystique persan qui a profondément influencé le soufisme.

Son prénom, Djalal-el-din, signifie « majesté de la religion » (de djalâl, majesté, et dîn, religion, mémoire, culte). Quant à sa nisba (l'indication de son origine), elle renvoie soit à Balkh (le « balkhien ») ou à Byzance (RûmÎ: le « byzantin »). Il reçut très tôt le titre de Mawlānā, « notre maître », souvent écrit Mevlana, qui est devenu intimement lié à l'ordre des « derviches tourneurs » ou mevlevis, une des principales confréries soufies, qu'il fonda dans la ville de Konya. Il a écrit la majorité de ses œuvres en persan (farsi).

Son œuvre est profondément marquée par sa rencontre avec celui qui deviendra son maître spirituel, Shams ed Dîn Tabrîzî, dont le prénom signifie « soleil de la religion ». Il en fera même l'auteur de l'un de ses ouvrages, le Divân de Shams de Tabriz.

Rûmî aurait également repris à son compte certaines fables d'Ésope (via le célèbre Kalila et Dimna d'Ibn al-Muqaffa) dans son principal ouvrage le Masnavi (ou « Mathnawî », « Mesnevi »). Les Turcs, Iraniens, Afghans et autres populations de la région font montre de respect pour ses poèmes. Reconnu de son vivant comme un grand spirituel et comme un saint, il fréquentait les chrétiens et les juifs tout autant que les musulmans.

Diogène et Nasreddine, de nombreux points communs

En traduisant hier une historiette de Nasreddine, en vue du deuxième tome que je compte publier sur le personnage, je suis tombé sur l'anecdote que voici :

Le jour où la femme du hodja mit au jour un garçon, la sage-femme ainsi que les autres femmes qui l'assistaient appelèrent le père du nouveau-né :
-- Allez viens, mollah, coupe toi-même le cordon ombilical de ton fils, vu que tu as la main heureuse.
Nasr Eddin s'empara du cordon et, au lieu de le couper là où il aurait dû, bien proprement avec des ciseaux, il tira fortement et l'arracha à la racine, laissant un trou sur le ventre de l'enfant.
-- Mais que fais-tu, insensé ? crièrent affolées les commères.
-- Pas grave, fit-il. Il a déjà tant de trous ; un de plus ou de moins…

J'ai été ébranlé par ce texte. Non, décidément, je ne le trouvais pas drôle. Pas drôle du tout, même. Pire, en tant que père privé par deux fois des joies de l'accouchement, j'ai été profondément choqué. Un père n'agit pas, ne peut pas agir ainsi avec son enfant.

Puis je me suis souvenu que ses textes avaient une portée philosophique, sinon mystique. Car Nasreddine est non seulement lettré, même s'il joue volontiers au naïf, et qui plus est, contemporain de Rûmi, le poète Mevlana des derviches tourneurs, école mystique de l'islam.

Tout porte à croire qu'ils se sont fréquentés, et d'ailleurs les enseignements du hodja portent l'empreinte du soufisme.

C'est cette liberté de ton, ce cynisme affiché, cette irrévérence enfin qui rapprochent notre héros de Diogène, son lointain précurseur, et un de mes personnages historiques favoris.

Non contents de brocarder leurs contemporains et leurs défauts, ils se montrent tous deux critiques à l'égard de l'autorité des puissants ; Nasreddine vis-à-vis de Tamerlan généralement, Diogène face à Alexandre auquel il demande de s'ôter de son soleil.

Bien sûr, Nasreddine est bien plus connu de par le vaste monde musulman, auquel il appartient. Mais en Europe, dans les anciens territoires conquis par l'Ottoman, des portes de Vienne à la Crimée, en passant par l'ancienne Yougoslavie, l'Albanie, la Grèce, la Bulgarie et une bonne partie de la Roumanie, son enseignement reste vivace.

J'ignore ce qu'il en est des autres pays, mais ce que je peux dire en tout cas, c'est que la ressemblance entre les deux personnages est telle, qu'en Grèce les aventures de l'un pourraient être assez aisément confondues avec celles de l'autre, les réparties se ressemblant tellement. Pour moi, ce dernier est l'héritier spirituel du cynique à la jarre.

Nasr Eddin rencontre Diogène

Les philologues grecs comparent néanmoins Nasreddine à Ésope[1], dont ils font un descendant. Ésope est un conteur, un moralisateur, tout comme la ribambelle d'auteurs[2] qui ont marché dans ses pas, dont Jean de la Fontaine[3] et Florian[4].

Or chez Nasr Eddin, il y a des histoires où il se révèle un anti-héros, se faisant duper (comme dans le pet devenu proverbial, ou l'économie du foyer, la vache vendue au marché qu'il rachète, l'âne invendable, – entre autres).

Derrière tout ceci, l'origine de ces fables remontant à l'Antiquité Assyro-Mésopotamienne (cela explique l'apparition des histoires de Nasr Eddin/Jeha/Goha en Sicile au IX° siècle, bien avant la naissance du personnage historique au XIII°). De plus, chez Nasreddine, s'ajoute la dimension du mysticisme soufi, dont Rûmi fut un des phares – Rûmi d'ailleurs admis au nombre des continuateurs de l'œuvre d'Esope…

Rompons donc l'os et suçons la substantifique moelle …

PS : Un glossaire en fin d'ouvrage explique tous les termes en gras et italiques

---

1 Ésope (en grec ancien Αἴσωπος / Aísôpos, VIIe – VIe siècle av. J.-C.) est un écrivain grec d'origine phrygienne, à qui on a attribué la paternité de la fable.
2 Voir Les Ysopets 1 et 2, Avianus et Phèdre, ainsi que l'introduction d'Esope – à paraître à ce jour. (chez le même Editeur).
3 Jean de La Fontaine, né le 8 juillet 1621 à Château-Thierry et mort le 13 avril 1695 à Paris.
4 Jean-Pierre Claris de Florian, né à Sauve le 6 mars 1755 et mort à Sceaux le 13 septembre 1794, est un auteur dramatique, romancier, poète et fabuliste français.

Nasr Eddin rencontre Diogène

1ère partie : Diogène de Sinope

Les passages suivants sont extraits de « Vies, doctrines et sentences des philosophes illustres » de Diogène Laërce. Diogène Laërce (en grec ancien Διογένης Λαέρτιος / Diogénês Laértios) est un poète, un doxographe et un biographe du début du IIIe siècle.

On sait peu de choses sur Diogène Laërce. Le fait est d'autant plus ironique qu'il représente souvent l'unique source que nous ayons sur la vie et les doctrines de nombreux philosophes. C'est, par exemple, uniquement par lui que nous connaissons les lettres d'Épicure et ses maximes capitales, ainsi que les testaments de certains philosophes.

Diogène, fils du banquier Hicésias, était de Sinope. Dioclès dit que son père tenait la banque publique et avait altéré les monnaies, ce qui obligea Diogène à fuir. Eubulide prétend, au contraire, dans le livre sur Diogène, qu'il était personnellement coupable et fut banni avec son père ; et, en effet, Diogène s'accuse, dans le livre intitulé la Panthère, d'avoir altéré la monnaie. Quelques auteurs racontent qu'ayant été mis à la tête de la monnaie, il prêta l'oreille aux suggestions des ouvriers et alla à Delphes ou à Délos demander à l'oracle s'il devait faire, dans sa patrie, ce qu'on lui conseillait.

La réponse fut favorable ; mais Diogène, ne comprenant pas que l'expression change la monnaie, pouvait s'appliquer aux mœurs et aux usages, altéra le titre de l'argent ; il fut découvert et exilé, selon quelques-uns ; suivant d'autres, il eut peur et s'expatria. D'après une autre version, il altéra l'argent qu'il avait reçu de son père : celui-ci mourut en prison ; quant à lui, étant parvenu à fuir, il alla à Delphes demander à l'oracle, non point s'il devait falsifier les monnaies, mais quel serait le meilleur moyen de parvenir à la célébrité; et il en reçut la réponse dont nous avons parlé.

Arrivé à Athènes, il alla trouver Antisthène, qui le repoussa sous prétexte qu'il ne voulait recevoir aucun disciple. Mais Diogène triompha de ses refus par sa persévérance.

Il portait une besace qui renfermait sa nourriture et ne faisait aucune différence des lieux, mangeant, dormant, discourant partout où il se trouvait. Il disait à ce sujet, en montrant le portique de Jupiter et le Pompéum, que les Athéniens avaient pris soin de le loger. L'été, il se roulait dans le sable brûlant, et l'hiver, il tenait embrassées des statues couvertes de neige ; en un mot, il ne négligeait aucun moyen de s'exercer au courage et à la patience. Il était d'ailleurs mordant et méprisant dans ses discours : il appelait l'école d'Euclide un lieu de colère[5] et l'enseignement de Platon un assommoir[6]. Il disait que les jeux dyonisiaques étaient de grandes merveilles pour les fous et que les orateurs sont les serviteurs de la multitude.

---

5 Par un jeu de mots : σχολή, « école, » et χολή, « bile. »
6 Διατριβήν. -- κατατριβήν

Nasr Eddin rencontre Diogène

1. Il remarqua un jour que dans un repas somptueux Platon ne mangeait que des olives : « Comment ! lui dit-il, grand sage, tu as traversé la mer pour aller en Sicile chercher une table servie comme celle-ci, et maintenant qu'elle est devant toi, tu n'en jouis pas !
— Je te jure par les dieux, Diogène, reprit Platon, que, même en Sicile, je me contentais le plus souvent d'olives et de mets de ce genre.
— En ce cas, répliqua-t-il, qu'avais-tu besoin d'aller à Syracuse ; est-ce qu'alors l'Attique ne produisait point d'olives ?

2. Une autre fois étant à manger des olives, il rencontra Platon et lui dit :
-- Tu peux partager avec moi.
Platon en prit et les mangea ; alors Diogène reprit :
-- Je t'avais dit de partager, mais non pas de manger.

3. Il se rendit un jour à une réunion où Platon avait invité quelques amis, à leur retour de la cour de Denys, et il se mit à fouler aux pieds les tapis en disant :
-- Je foule la vanité de Platon.
— Et moi, reprit Platon, j'entrevois beaucoup d'orgueil sous ton mépris de la vanité.

4. Sotion rapporte, au quatrième livre, un autre mot du cynique à Platon ; Diogène lui ayant demandé du vin et des figues, il lui envoya toute une amphore de vin :
-- Te voilà bien, lui dit Diogène, si on te demande combien font deux et deux, tu répondras : vingt ; tu ne sais ni donner ce qu'on te demande, ni répondre aux questions qu'on t'adresse » allusion piquante à ses interminables discours.

5. On lui demandait en quel lieu de la Grèce il avait vu des hommes courageux :
-- Des hommes, dit-il, je n'en ai vu nulle part ; mais j'ai vu des

enfants à Lacédémone.

6. Il discourait un jour sérieusement et personne ne l'écoutait ; alors il se mit à débiter des balivernes, et vit une foule de gens s'empresser autour de lui :
-- Je vous reconnais bien, leur dit-il, vous accourez auprès de ceux qui vous content des sornettes, et vous n'avez qu'insouciance et dédain pour les choses sérieuses.

7. Ménippe raconte dans le Diogène vendu qu'il fut fait prisonnier et mis en vente, et qu'interrogé alors sur ce qu'il savait faire, il répondit :
-- Commander aux hommes.
S'adressant ensuite au héraut, il lui dit :
-- Demande si quelqu'un veut acheter un maître.
Comme on lui défendait de s'asseoir :
-- Qu'importe ? dit-il, on achète bien les poissons sans s'inquiéter comment ils sont placés.

8. Xéniade l'ayant acheté, il lui dit que, quoiqu'il fût le maître de Diogène, il devait lui obéir, de même qu'on obéit à un médecin ou à un pilote, sans s'inquiéter s'ils sont esclaves.

9. Eubulus rapporte dans l'ouvrage intitulé Diogène vendu qu'il élevait de la manière suivante les enfants de Xéniade : après les exercices littéraires, il leur montrait à monter à cheval, à tirer de l'arc, à manier la fronde et à lancer le javelot. Il les conduisait ensuite à la palestre ; mais il se gardait bien de les confier au maître pour les exercer comme des athlètes ; il les exerçait lui-même modérément, jusqu'à ce qu'une légère rougeur colorât leurs joues et seulement comme mesure hygiénique. A la maison, il les habituait au service domestique, et leur apprenait à se contenter d'une nourriture légère et à boire de l'eau. Il les menait avec lui dans les rues, la tête rasée jusqu'à la peau, sans aucun ornement, sans tunique, nu-pieds, en silence et les

yeux baissés ; il les conduisait aussi à la chasse. De leur côté, ils avaient grand soin de Diogène et le recommandaient à leurs parents.

10. Eubulus rapporte encore qu'il vieillit auprès de Xéniade dont les fils l'ensevelirent à sa mort. Xéniade lui ayant demandé comment il voulait être enterré, il répondit :
-- Le visage contre terre.
Comme on voulait en savoir la raison, il dit :
-- C'est que dans peu ce qui est en bas sera en haut ; faisant allusion à la puissance macédonienne qui, partie de faibles commencements, commençait à grandir et à devenir dominante.

11. Conduit dans une maison splendide par quelqu'un qui lui défendit de cracher, il lui cracha au visage en disant qu'il n'avait pas trouvé d'endroit plus sale.

12. Hécaton dit dans le premier livre des Chries qu'il se mit un jour à crier :
-- Hommes, accourez !
Et que beaucoup de gens s'étant approchés, il les écarta avec son bâton en disant :
-- J''ai appelé des hommes et non des ordures.

13. On assure qu'Alexandre disait que s'il n'était pas Alexandre il voudrait être Diogène.

14. Les véritables estropiés, disait Diogène, ne sont pas les sourds et les aveugles, mais ceux qui n'ont pas de besace.

15. Métroclès raconte dans les Chries, qu'étant entré un jour à demi rasé dans un festin de jeunes gens, il reçut des coups, et que pour se venger il suspendit à son col un écriteau sur lequel il avait mis les noms de ceux qui l'avaient battu, et se promena ainsi par la ville, les couvrant de honte et les exposant à l'indignation et à la censure

publique.

16. Il disait qu'il était chien de chasse, de ces chiens que beaucoup de gens louent, mais sans oser chasser avec eux.

17. Quelqu'un ayant dit devant lui :
-- Je triomphe des hommes aux jeux pythiques.
— C'est moi, reprit-il, qui sais vaincre les hommes ; toi, tu ne vaincs que des esclaves. »

18. On lui disait qu'il était vieux et devait désormais songer au repos :
-- Eh quoi! répondit-il, si je fournissais une carrière et que je fusse près du but, ne devrais-je pas redoubler d'efforts au lieu de me reposer ?

19. Invité à un dîner, il refusa de s'y rendre, parce que la veille on ne l'avait pas remercié d'avoir accepté.

20. Il marchait nu-pieds dans la neige et s'imposait encore d'autres épreuves que nous avons citées plus haut. Il avait même essayé de manger de la chair crue, mais il ne put la digérer.

21. Il rencontra un jour Démosthène l'orateur attablé dans une taverne, et, voyant qu'il se retirait pour se cacher, il lui dit :
-- Tu n'en seras que plus avant dans la taverne. »

22. Une autre fois, des étrangers lui ayant demandé à voir Démosthène, il leur dit en étendant avec mépris le doigt du milieu : « Tenez, voici l'orateur des Athéniens[7]. »

23. Il disait qu'il faisait comme les chefs d'orchestre, qui forcent

---

7 Montrer quelqu'un avec le doigt du milieu était signe d'un souverain mépris ou de folie.

le ton pour que les autres puissent arriver au ton convenable. Il prétendait que la plupart des hommes étaient fous à un doigt près, puisqu'on traitait de fous ceux qui marchaient le doigt du milieu tendu, mais non ceux qui tendaient le petit doigt.

24. Il remarquait aussi que les choses les plus précieuses se vendaient à vil prix et réciproquement ; qu'une statue coûtait trois mille drachmes et qu'on achetait un chénix [8] de farine pour deux pièces de billon.

25. Lorsque Xéniade l'eut acheté, Diogène lui dit :
-- Veille à bien faire ce que je t'ordonnerai.
— Les fleuves remontent vers leur source, reprit Xéniade.
— Si, étant malade, répliqua Diogène, tu avais acheté un médecin, répondrais-tu, au lieu de lui obéir, que les fleuves remontent vers leur source ?

26. Quelqu'un lui ayant demandé à devenir son disciple, il lui donna à porter un mauvais poisson avec ordre de le suivre ; mais le néophyte, honteux de cette épreuve, jeta le poisson et s'en alla. A quelque temps de là, Diogène le rencontra, et lui dit en riant : « Un mauvais poisson a rompu notre amitié. »

27. Dioclès raconte autrement le fait. Quelqu'un lui dit : « Donne-moi tes ordres, Diogène. » Aussitôt il l'emmena avec lui et lui donna à porter pour une demi-obole de fromage ; sur son refus d'obéir, il lui dit : « Une demi-obole de fromage a rompu notre amitié. »

28. Ayant aperçu un enfant qui buvait dans le creux de sa main, il jeta aussitôt le gobelet qu'il portait dans sa besace, en disant : « Un

---

8 CHÉNIX ou CHÉNICE : c'était une mesure pour les choses sèches : elle équivalait à la quarante-huitième partie du MÉDIMNE (Mesure de capacité chez les Grecs, qui servait pour les choses sèches. Elle correspondait à 52 litres environ) et correspondait à un peu plus d'un litre

enfant m'a donné une leçon de simplicité. » Il jeta aussi la cuiller lorsqu'il eut vu un autre enfant qui, après avoir cassé son écuelle, ramassait ses lentilles avec une croûte de pain.

29. Il raisonnait ainsi : « Tout appartient aux dieux ; les sages sont amis des dieux ; tout est commun entre amis ; donc tout appartient aux sages. »

30. Zoïle de Pergame raconte qu'ayant vu une femme prosternée devant les dieux dans une posture indécente et voulant la corriger de sa superstition, il s'approcha d'elle et lui dit : « Ne crains-tu pas qu'il y ait quelque dieu derrière toi (car tout est plein de dieux), et que ta posture ne soit injurieuse pour lui ? »

31. Alexandre vint un jour se placer devant lui, tandis qu'il se chauffait au soleil dans le Cranium[9], et lui dit:
-- Demande-moi ce que tu voudras.
— Retire-toi de mon soleil, reprit Diogène.

32. Il avait assisté à une longue lecture qui touchait à son terme, et déjà le lecteur montrait qu'il n'y avait plus rien d'écrit : « Courage, amis, dit Diogène, je vois terre. »

33. Un sophiste ayant nié le mouvement, il se leva et se mit à marcher. Entendant quelqu'un discourir sur les phénomènes célestes, il lui dit : « Depuis quand es-tu revenu du ciel ? »

34. Un eunuque de mauvaise vie avait écrit au-dessus de sa porte : « Que rien de mauvais n'entre ici. » Et le maître de la maison, dit Diogène, par où entrera-t-il ? »

35. Un jour il se parfuma les pieds, sous prétexte que de la tête les parfums se dissipaient dans l'air, mais que des pieds ils montaient à

---

9 Gymnase et bois sacré à Corinthe.

l'odorat.

36. Apercevant des souris qui grimpaient sur sa table : Voyez, dit-il, Diogène aussi nourrit des parasites.

37. Platon l'ayant un jour appelé chien, il répliqua : « Tu as raison, car je suis retourné auprès de ceux qui m'avaient vendu[10]. »

38. Au sortir du bain, quelqu'un lui demanda s'il y avait beaucoup d'hommes à se baigner ; il dit que non. Un autre lui demanda s'il y avait beaucoup de monde : « Oui » dit-il.

39. Platon avait défini l'homme un animal à deux pieds sans plumes, et cette définition avait fait fortune. Diogène pluma un coq et le porta dans l'école du philosophe, en disant : « Voilà l'homme de Platon » ce qui fit ajouter à la définition : à larges ongles.

40. On lui demandait à quelle heure il fallait dîner : « Si vous êtes riche, répondit-il, quand vous voudrez ; si vous êtes pauvre, quand vous pourrez. »

41. Quelqu'un l'ayant heurté avec une poutre, lui cria ensuite gare : « Veux-tu donc, reprit-il, me heurter une seconde fois ? »

42. Il appelait les orateurs « les serviteurs de la populace » et les couronnes « des bulles de gloire. »

43. Ayant allumé une lanterne en plein jour, il s'en allait criant: « Je cherche un homme. »

44. Il se tenait un jour sous une fontaine et se faisait inonder ; comme les assistants s'apitoyaient sur son compte, Platon, qui était

---

10 Allusion à ce que Platon, vendu par ordre de Denys, était retourné en Sicile.

présent, leur dit, en faisant allusion à sa vanité : « Si vous voulez avoir pitié de lui, allez-vous-en. »

45. Quelqu'un lui ayant donné un coup de poing, il s'écria : « Grands dieux ! je ne m'étais pas aperçu que je me promenais avec un casque sur la tête. »

46. Midias lui donna un jour un coup de poing en lui disant : « Il y a trois mille drachmes toutes comptées pour toi. ». Le lendemain Diogène alla le frapper avec des courroies dont se servaient les combattants au pugilat, et lui dit : « Il y a trois mille drachmes comptées pour toi. »

47. Lysias l'apothicaire lui ayant demandé s'il croyait aux dieux : « Comment n'y croirais-je pas, répondit-il, puisque je te regarde comme leur ennemi ? ».

48. Il dit à un homme qui se faisait purifier par une ablution : « Insensé, ne sais-tu point que les ablutions ne lavent pas plus les souillures de la vie qu'elles n'effacent les fautes de grammaire. »

49. Les Athéniens aimaient Diogène, à ce point, qu'un jeune homme ayant brisé son tonneau, ils le battirent et remplacèrent le tonneau.

50. Denys, le stoïcien, rapporte qu'après la bataille de Chéronée il fut pris et conduit à Philippe ; celui-ci lui ayant demandé qui il était, il répondit : « Un homme curieux d'observer ton insatiable ambition. » Cette réponse frappa tellement Philippe qu'il le renvoya libre.

51. Antipater reçut un jour, à Athènes, une lettre d'Alexandre par l'intermédiaire d'un certain Athlias ; Diogène, qui était présent, dit plaisamment à ce sujet : « Athlias d'Athlias, à Athlias, par Athlias[11]. »

---

11 Jeu de mots qui porte sur le sens d'ἄθλιος, « matheureux, misérable. »

52. Perdiccas l'ayant menacé de le faire mourir s'il ne venait le trouver, il répondit : « Tu ne ferais là rien de bien extraordinaire, car l'escarbot et la tarentule ont le même pouvoir ; la menace eût bien mieux porté si tu m'avais dit que sans moi tu vivrais heureux. »

53. On l'entendait souvent répéter que les dieux avaient mis sous la main de l'homme tout ce qu'il fallait pour vivre heureux, mais que l'homme ne l'apercevait pas, occupé qu'il était à courir après les tartes, les onguents et autres choses semblables. Il disait à ce sujet à un homme qui se faisait chausser par un esclave : « Tu n'es pas encore heureux, il faudrait aussi qu'il te mouchât ; mais cela viendra quand tu auras perdu les mains. »

54. Voyant un jour les magistrats, appelés hiéromnémones, emmener un homme qui avait volé une fiole, il dit : « Les grands voleurs emmènent le petit. »

55. Une autre fois il vit un jeune garçon lancer des pierres contre une croix : « Courage, lui dit-il, tu atteindras au but. »

56. Des jeunes gens l'avaient entouré et lui disaient :
-- Nous prendrons bien garde que tu ne nous mordes.
— Ne craignez rien, mes enfants, reprit-il, le chien ne mange pas de betteraves[12].

57. Voyant un homme tout fier d'une peau de lion qui couvrait ses épaules, il lui dit : « Cesse de déshonorer les insignes du courage. »

58. On disait un jour devant lui que Callisthène était fort heureux de partager les somptueux repas d'Alexandre : « Dites plutôt, répliqua-t-il, qu'il est malheureux de ne pouvoir dîner et souper que quand il plaît à Alexandre. »

---

12 La betterave était l'emblème de la fadeur.

59. Il disait que quand il avait besoin d'argent, il priait ses amis non pas de lui en donner, mais de lui en rendre.

60. On le vit un jour se polluer sur la place publique, en disant : « Plût aux dieux qu'on pût aussi apaiser la faim en se frottant le ventre. »

61. Ayant aperçu un jeune homme vêtu avec recherche lui ayant fait une question, il lui dit : « Je ne te répondrai pas que tu n'aies ouvert ton manteau pour me montrer si tu es homme ou femme. »

62. Il vit au bain un autre jeune homme chercher dans le jeu appelé cottabisme[13] l'issue de ses amours : « Mieux tu réussis, lui dit-il, plus tu fais mal. »

63. Dans un repas, quelques-uns des convives lui jetèrent des os comme à un chien ; il quitta sa place et alla uriner sur eux à la manière des chiens.

64. Voyant sur la maison d'un débauché l'inscription à vendre « Je savais bien, dit-il, qu'étant si pleine de crapule, tu ne manquerais pas de vomir ton maître. »

65. Un jeune homme se plaignant à lui des obsessions dont il était l'objet : « Mais toi, lui dit-il, cesse donc de laisser paraître tes inclinations voluptueuses. »

66. Étant entré dans un bain sale, il dit : « Où va-t-on se laver en sortant d'ici ? »

67. Il était le seul à louer un épais joueur de harpe que tout le

---

13 Il consistait à verser du vin ou de l'eau dans une coupe et à tirer un augure du son qu'ils rendaient.

monde bafouait ; comme on lui en demandait la raison : « Je le loue, dit-il, de ce que, tel qu'il est, il aime mieux toucher de la harpe que voler. »

68. Il rencontra un jour un joueur de harpe dont les accords avaient la prérogative de chasser tout le monde, et lui dit en l'abordant : « Salut, coq. » Comme l'autre lui demandait la raison de ce surnom : « C'est, dit-il, que tu réveilles tout le monde par tes chants. »

69. La foule s'était rassemblée un jour autour d'un jeune homme qu'on se montrait ; Diogène alla se placer devant lui, et se mit à dévorer avidement des lupins qu'il avait dans le pan de son manteau ; tout le monde s'étant alors tourné vers lui, il leur dit : « Je vous admire de quitter ce jeune homme pour me regarder. »

70. Un homme fort superstitieux lui dit : « Je te briserai la tête d'un seul coup.
— Et moi, reprit-il, je te ferai trembler en éternuant à ta gauche. »

71. Pressé par Hégésias de lui prêter quelques-uns de ses écrits, il lui dit : « J'admire ta simplicité, Hégésias ; quand tu veux des figues, tu n'en prends pas de peintes, mais de vraies ; comment donc négliges-tu le véritable exercice de l'intelligence pour t'attacher aux livres ? »

72. Quelqu'un lui reprochait son exil : « Insensé, dit-il, c'est cela même qui m'a rendu philosophe. »

73. On lui disait une autre fois : « Ceux de Sinope t'ont chassé de chez eux.
— Et moi, répondit-il, je les ai condamnés à y rester. »

74. Il vit un jour un vainqueur aux jeux olympiques mener paître ses moutons : « Brave homme, lui dit-il, tu es bien vite passé

d'Olympie à Némée[14]. »

75. On lui demandait pourquoi les athlètes sont insensibles : « C'est, dit-il, qu'ils sont bâtis de chair de bœuf et de pourceau. »

76. Il sollicitait un jour une statue, et comme on lui en demandait la raison : « Je veux, dit-il, m'habituer aux refus. »

77. Il disait à quelqu'un en lui demandant l'aumône (car au commencement la misère l'avait réduit à cette extrémité) : « Si tu as déjà donné à d'autres, donne-moi aussi, et si tu n'as encore donné à personne commence par moi. »

78. Un tyran lui demandait quel était le meilleur airain pour faire des statues : « C'est, répondit-il, celui dont on a fait les statues d'Harmodius et d'Aristogiton. »

79. Quelqu'un lui ayant demandé comment Denys traitait ses amis, il répondit : « Comme on traite une bourse ; on la serre précieusement quand elle est pleine ; on la jette quand elle est vide. »

80. Un nouveau marié avait écrit au-dessus de sa porte : « Le fils de Jupiter, Hercule, l'illustre vainqueur habite ici ; que rien de mauvais n'y entre. » Diogène ajouta : « Troupes auxiliaires après la guerre finie. »

81. Il disait que l'avarice est la mère de tous les vices. Voyant un prodigue manger des olives dans une taverne, il lui dit : « Si tu avais dîné ainsi, tu ne souperais pas ainsi[15]. »

82. Il disait encore que l'homme vertueux est l'image des dieux,

---

14 Jeu de mots sur νεμέα qui signifie aussi « pâturage »
15 Si tu avais commencé par être économe, tu ne serais pas réduit maintenant à la disette.

et que l'amour est l'occupation des oisifs.
« Quelle est, lui disait-on, la condition la plus misérable ?
— C'est, répondit-il, celle d'un vieillard dans l'indigence. »

83. Quelqu'un lui demandait quels étaient les animaux dont la morsure était la plus dangereuse : « Parmi les animaux sauvages, dit-il, c'est le calomniateur, et parmi les animaux domestiques, le flatteur. »

84. Il vit un jour deux centaures détestablement peints : « Lequel des deux, dit-il, est le centaure[16] ? »

85. Il disait qu'un discours fait pour plaire est un filet enduit de miel, et que le ventre est le Charybde de la vie.

86. Entendant dire qu'un nommé Didymus avait été surpris en adultère, il s'écria : « Son nom seul indique assez qu'il doit être pendu[17]. »

87. « Pourquoi, lui dit-on, l'or est-il si pâle ?
— C'est, reprit-il, qu'il a beaucoup d'envieux. »

88. Ayant aperçu une femme portée dans une litière, il dit : « Il faudrait une bien autre cage pour un animal aussi farouche. »

89. Voyant un esclave fugitif assis sur un puits, il lui dit : « Jeune homme, prends garde au puits. »[18]

90. Une autre fois, il aperçut dans un bain un jeune homme qui pratiquait le vol aux habits, et lui dit : « Viens-tu prendre des onguents

---

16 Il joue sur le mot χείρων, « Chiron, centaure, » qui signifie aussi « plus mauvais. » — « Lequel des deux est le plus mauvais ? »
17 Le mot δίδυμος a le sens de testiculi qui cremasleribus suspenduntur (Ménage). Qu'en de termes élégants ces choses-là sont dites (NdI'A)
18 Sujet repris par Ésope – ou inversement, selon la chronologie.

ou d'autres habits[19] ?»

91. Voyant une femme pendue à un olivier, il s'écria : « Plût aux dieux que tous les arbres portassent de tels fruits ! »

92. Une autre fois, il vit un homme qui volait dans les tombeaux, et lui dit :
-- Ami, que fais-tu ici ; viens-tu dépouiller les morts[20]?

93. On lui demandait s'il avait un valet ou une servante ; il dit que non. « Qui donc, reprit-on, t'ensevelira ?
— Celui, dit-il, qui aura besoin de ma maison. »

94. Voyant un jeune homme de bonne mine qui dormait inconsidérément, il le poussa et lui dit : « Réveille-toi, de peur que, pendant ton sommeil, quelqu'un ne te frappe de la lance par derrière[21]. »

95. Il disait à un homme qui faisait de folles dépenses pour sa table : Mon fils, tu ne feras pas longue vie, à acheter ainsi[22]. »

96. A cette question : Quand doit-on se marier ? il répondit : « Les jeunes gens pas encore, et les vieillards jamais. »[23]

97. On lui demandait ce qu'il voulait pour recevoir un soufflet : « Un casque » dit-il.

98. Voyant un jeune homme vêtu avec recherche, il lui dit : « Si tu fais cela pour les hommes, c'est chose inutile; si tu le fais pour les

---

19 Jeu de mots sur ἀλειμάτιον, « onguent, » et ἀλλ' ἱμάτιον, « autre habit. »
20 Vers d'Homère, Iliade, VIII, 343 et 387.
21 Parodie d'un vers d'Homère, Iliade, VIII, 96.
22 Parodie d'Homère, Iliade, XVIII, 95.
23 Sujet repris par Ésope – ou inversement, selon la chronologie

femmes, c'est chose mauvaise. »

99. Une autre fois, il vit un jeune homme qui rougissait : « Courage, lui dit-il, c'est là la couleur de la vertu. »

100. Après avoir entendu les plaidoyers de deux avocats, il les condamna l'un et l'autre, en disant que l'un avait volé l'objet en question et que l'autre ne l'avait pas perdu.[24]

101. Quelqu'un lui dit : « Beaucoup de gens te bafouent.
— Et moi, reprit-il, je ne me tiens pas pour bafoué. »

102. On disait devant lui que c'est un mal de vivre : « Non pas de vivre, reprit-il, mais de mal vivre. »

103. Quelqu'un l'engageant à poursuivre son esclave qui avait pris la fuite, il répondit : « Il serait ridicule que Manès pût vivre sans Diogène, et que Diogène ne pût se passer de Manès. »

104. Il dînait un jour avec des olives, lorsqu'on lui apporta un gâteau ; rejetant alors les olives, il s'écria : » Hôtes, cédez la place aux tyrans[25]. »

105. On lui demandait de quelle race de chiens il était : « Quand j'ai faim, dit-il, je suis chien de Mélita ; rassasié, je suis chien molosse ; je suis de ces chiens que beaucoup de gens louent sans oser chasser avec eux, par crainte de la fatigue ; et vous, la crainte de la douleur vous empêche seule de vous associer à mon genre de vie. »

106. On lui demandait encore si le sage peut manger des gâteaux. « Il mange de tout, dit-il, comme les autres hommes. »

---

24 Sujet repris par Ésope et successeurs
25 Euripide, Phénic., v. 40.

107. « Pourquoi, lui disait-on, donne-t-on aux mendiants et non aux philosophes ?

— C'est qu'on craint, répondit-il, de devenir boiteux ou aveugle, tandis qu'on sait fort bien qu'on ne sera jamais philosophe. »

108. Un avare à qui il demandait l'aumône ne se décidant pas, il lui dit : « Je te demande pour mon dîner et non pour mon enterrement. »

109. Quelqu'un lui reprochait d'avoir fait de la fausse monnaie : « Il y eut un temps, répondit-il, où j'étais tel que tu es à présent ; mais toi, tu ne seras jamais tel que je suis maintenant. » Une autre fois il répondit au même reproche : « Jadis j'urinais sans le vouloir, maintenant cela ne m'arrive plus. »

110. Passant à Mynde, il remarqua que les portes étaient fort grandes et la ville très petite : « Habitants de Mynde, s'écria-t-il, fermez vos portes, de peur que votre ville ne s'en aille. »

111. Voyant un homme surpris à voler de la pourpre, il lui appliqua ce vers : Surpris par une mort éclatante et par l'irrésistible destinée[26].

112. Invité par Cratère à venir auprès de lui, il répondit : « J'aime mieux lécher du sel à Athènes que manger à une table somptueuse auprès de Cratère. »

113. Il accosta un jour le rhéteur Anaximène, qui était fort gros, pour lui dire : « Cède-nous un peu de ton ventre à nous autres pauvres gens ; tu seras soulagé d'autant et tu nous rendras service. »

114. Pendant une dissertation du même rhéteur, Diogène tira tout à coup un poisson salé et détourna ainsi l'attention des auditeurs ;

---

26 Homère, V, 83 et XX, 477. Le texte dit : « une mort purpurine. »

Anaximène se fâchant, il se contenta de répondre : « Un poisson d'une obole a mis fin au discours d'Anaximène. »

115. Quelques auteurs lui attribuent aussi ce trait : Platon le voyant laver ses légumes s'approcha de lui et lui dit tout bas : « Si tu savais faire ta cour à Denys, tu ne laverais pas des légumes.
— Et toi, reprit sur le même ton Diogène, si tu avais su laver des légumes, tu n'aurais pas fait la cour à Denys. »

116. On lui disait : « La plupart des gens se moquent de toi.
— Peut-être, dit-il, les ânes se moquent d'eux aussi, mais ils ne s'inquiètent pas des ânes, ni moi d'eux. »

117. Voyant un jeune homme s'appliquer à la philosophie, il lui dit : « Courage, tu forceras par là les adorateurs de ton corps à reporter leur amour sur la beauté de ton âme. »

118. Quelqu'un s'étonnait, en sa présence, de la multitude des offrandes déposées dans l'antre de Samothrace : « Il y en aurait bien davantage, dit-il, si ceux qui n'ont point été sauvés par leur vœu en avaient apporté. »

119. Il dit un jour à un jeune homme de bonne mine, en le voyant partir pour un festin : « Tu en reviendras plus mauvais. »
Le lendemain, celui-ci lui dit à son retour : « Me voici revenu, et je ne suis pas plus mauvais.
— Non pas plus mauvais, reprit Diogène, mais plus relâché[27]. »

120. Un homme d'humeur peu accessible, à qui il faisait une demande, lui répondit : « Oui, si tu peux me persuader.
— Eh ! reprit Diogène, si je pouvais te persuader quelque chose,

---

27 Il y ici un jeu de mots qu'on ne peut rendre. Le mot χείρων, Chiron, signifie aussi «plus mauvais.» Diogène répond : « Non pas Chiron (précepteur des héros), mais Eurytion (autre centaure fort débauché). »

ce serait de t'étrangler. »

121. Comme il revenait de Lacédémone à Athènes, on lui demanda d'où il venait et où il allait : « Je viens, dit-il, de la demeure des hommes et je vais à celle des femmes. »

122. On lui demandait, au retour d'Olympie, s'il avait vu beaucoup de monde. « Oui, répondit-il, beaucoup de monde, mais peu d'hommes. »

123. Il comparait les débauchés aux figuiers qui naissent au milieu des précipices : « Leurs fruits sont perdus pour l'homme et deviennent la proie des corbeaux et des vautours. »

124. Phryné[28] ayant consacré à Delphes une Vénus d'or, Diogène dit qu'il fallait y graver cette inscription : Don de l'incontinence des Grecs.

125. Alexandre se présenta un jour à lui et lui dit : « Je suis Alexandre, le grand roi.
— Et moi, reprit-il, je suis Diogène le chien. »
Interrogé pourquoi on l'appelait chien, il répondit : « Je flatte ceux qui me donnent, j'aboie après ceux qui ne me donnent pas et je mords les méchants. »

126. Comme il cueillait des fruits à un figuier, le gardien lui dit : « Il n'y a pas longtemps qu'un homme a été pendu à cet arbre.
— Eh bien, répondit-il, je le purifierai. »

127. Voyant un vainqueur aux jeux olympiques regarder passionnément une courtisane, il s'écria : « Admirez ce bélier de Mars ;

---

28 Phryné (en grec ancien Φρύνη / Phrýnê, littéralement « crapaud », surnom donné à cause de son teint jaunâtre) est une hétaïre, courtisane grecque célèbre du IVe siècle av. J.-C..

la première fille venue lui fait tourner la tête. »

128. Un jour qu'il mangeait sur la place publique, ceux qui l'entouraient lui criaient à l'envi : « Chien, chien !
— C'est vous, reprit-il, qui êtes des chiens, puisque vous m'entourez quand je mange. »

129. Deux efféminés l'évitaient avec soin ; il leur cria : « Ne craignez rien, le chien ne mange pas de betteraves[29]. »

130. On lui demandait d'où était un enfant livré à la prostitution : « De Tégée[30], » dit-il.

131. Il rencontra un jour un mauvais lutteur qui s'était fait médecin : « Eh quoi ! lui dit-il, veux-tu tuer maintenant ceux qui t'ont vaincu ? »

132. Ayant vu le fils d'une courtisane jeter une pierre au milieu de la foule, il lui dit : « Prends garde d'atteindre ton père. »

133. Un jeune garçon lui montrait une épée qu'il avait reçue d'un amant : « La lame est belle, dit-il, mais la garde ne l'est pas[31]. »

134. On louait devant lui une personne qui l'avait obligé : « Et moi, dit-il, ne me louez-vous pas pour avoir été jugé digne de ses

---

29 Voir supra, note 9. Le mot caractérise aussi les homosexuels.
30 Tégée est une ancienne cité du Sud-Est de l'Arcadie, sur le territoire de l'actuelle Tégéa, mentionnée dans l'Iliade, probablement déjà occupée à l'époque mycénienne. L'importance du site résulte de sa position centrale dans le Péloponnèse. Pourquoi Tégée ? Probablement parce que comme toutes les cités-États d'Arcadie, Tégée se range du côté des Messéniens contre Sparte pendant la Deuxième Guerre de Messénie. Ce serait durant cette guerre qu'Aristocrate II, roi de la cité (et cité comme roi de toute l'Arcadie), aurait trahi ses alliés messéniens. Le mot τέγος signifie lupanar.
31 Le jeu de mots roule sur λαβή qui signifie « poignée » et « acceptation. ».

dons ? »

135. Quelqu'un lui réclamait un manteau : « Si tu me l'as donné, répondit-il, je le garde ; si tu me l'as prêté, je m'en sers. »

136. Un homme d'une naissance suspecte lui dit un jour qu'il avait de l'or dans son manteau : « Oui, répondit-il, et c'est pour cela que je me couche dessus, par crainte des gens suspects. »

137. « Quel avantage, lui demandait-on, as-tu retiré de la philosophie ?
— Quand je ne lui aurais pas d'autre obligation, répondit-il, je lui dois du moins d'être préparé à tous les événements. »

138. On lui demandait d'où il était : « Citoyen du monde, » répondit-il.

139. Voyant quelqu'un sacrifier aux dieux pour obtenir un fils, il s'écria : « Et le caractère de ce fils ! vous n'en parlez point ? »

140. Le collecteur lui ayant demandé sa quote-part de l'impôt, il répondit par ce vers : « Dépouille les autres, mais garde toi de porter la main sur Hector. »

141. Il appelait les courtisanes les reines des rois, parce qu'elles peuvent demander tout ce qui leur plaît.
Les Athéniens ayant décerné à Alexandre les honneurs divins sous le nom de Bacchus, il leur dit : « Décrétez aussi que je suis Sérapis. »

142. Comme on lui reprochait d'aller dans des lieux impurs, il répliqua : « Le soleil pénètre bien dans les latrines sans être souillé. »

143. Quelqu'un lui dit un jour : « Tu ne sais rien et tu te prétends

philosophe.

— Quand même, répondit-il, je n'aurais d'un sage que l'apparence, ce serait déjà être philosophe. »

144. Un père lui présentait son fils en vantant son excellent naturel et la pureté de ses mœurs : « En ce cas, reprit-il, qu'a-t-il besoin de moi ? »[32]

145. Il disait que ceux qui sont honnêtes de paroles, mais non d'actions, ressemblent à une harpe qui ne peut ni entendre ni sentir.

146. Il entrait un jour au théâtre à l'encontre de ceux qui en sortaient ; comme on lui en demandait la raison : « C'est là, dit-il, ce que je m'exerce à faire dans toute ma conduite. »

147. Apercevant un jeune efféminé, il lui dit : « Ne rougis-tu pas de ce que la nature a eu de toi meilleure opinion que toi-même ? elle t'a fait homme, et tu t'efforces d'être femme. »

148. Une autre fois il vit un débauché accorder une harpe : « N'es-tu pas honteux, lui dit-il, de savoir accorder des sons sur un morceau de bois, et de ne savoir pas accorder ton âme dans la conduite de la vie ? »

149. Quelqu'un lui disait : « Je ne suis pas propre à la philosophie.

— Pourquoi vis-tu donc, répliquait-il, si tu ne t'inquiètes pas de bien vivre ? »

150. Un homme parlait de son père avec mépris : « Ne rougis-tu pas, lui dit Diogène, de penser mal de celui par qui tu as de si sublimes pensées ? »

---

32 Voir une anecdote analogue chez Nasr Eddin

151. Un jeune homme d'un extérieur distingué tenant des propos inconvenants, il lui dit : « Quelle honte de tirer une lame de plomb d'un fourreau d'ivoire ! »

152. On lui reprochait de boire dans une taverne : « Je me fais bien raser, reprit-il, dans l'échoppe d'un barbier. »

153. On lui reprochait aussi d'avoir reçu un manteau d'Antipater ; il répondit par ce vers : Ne rejetons point les dons précieux des dieux[33].

154. Un homme qui l'avait heurté avec une poutre lui criait : « Gare. » Il le frappa à son tour de son bâton et lui dit ensuite : « Gare. »

155. Il disait à quelqu'un qui poursuivait d'assiduités une courtisane : « Malheureux! pourquoi tant d'efforts pour arriver à un but qu'il vaut mieux ne pas atteindre ? »

156. « Prends garde, dit-il un jour à un homme parfumé, prends garde que la bonne odeur de ta tête ne donne mauvaise odeur à ta vie. »

157. « Les serviteurs, disait-il, sont esclaves de leurs maîtres, et les gens vicieux de leurs passions. »

158. Quelqu'un lui demandant d'où venait le nom d'Andrapodes[34] donné aux esclaves, il répondit : « De ce qu'ils ont des pieds d'homme et une âme semblable à la tienne, puisque tu me fais cette question. »

159. Il demandait une mine à un prodigue : « Pourquoi, lui dit celui-ci, ne demandes-tu qu'une obole aux autres, et à moi une mine ?
— C'est que j'espère, dit-il, que les autres me donneront

---
33 Homère, Iliade, III, v. 65.
34 Pied d'homme.

encore ; mais toi, les dieux seuls savent si tu pourras encore me donner. »

160. On lui reprochait de demander sans cesse, tandis que Platon ne demandait rien. « Lui aussi demande, reprit-il, Mais à l'oreille, afin que personne n'entende[35]. »

161. Voyant un archer malhabile, il alla se placer au but en disant : « C'est pour ne pas être atteint. »

162. Il disait que ceux qui, dans l'amour, ne cherchaient que le plaisir, manquaient leur but.

163. On lui demandait si la mort est un mal : « Comment serait-elle un mal, répondit-il, puisque quand elle est venue on ne la sent pas ? »

164. Alexandre se présenta un jour à lui en disant : « N'as-tu pas peur de moi ?
— Dis-moi ce que tu es, répondit-il, bon ou mauvais ?
— Bon, reprit Alexandre.
— Et qui donc a peur de ce qui est bon ? » ajouta Diogène.

165. Voyant l'adultère Didymon occupé à panser les yeux d'une jeune fille, il lui dit : « Prends garde en lui pansant les yeux de lui donner dans l'œil. »

166. Quelqu'un s'étant plaint à lui d'être trahi par ses amis, il s'écria : « Où en sommes-nous, s'il faut vivre avec ses amis comme avec des ennemis ! »

167. A cette question : Quelle est la chose la plus belle dans

---

35 Homère, Odyssée, I, 157

l'homme ? il répondit : « La franchise. »[36]

168. Il entra un jour dans une école et vit un grand nombre de statues des Muses, mais peu de disciples : « Grâce aux dieux, dit-il au maître, tu as beaucoup d'élèves. »

169. Il avait coutume de tout faire en public ; Vénus à cet égard n'a rien à envier à Gérès. Il se justifiait par des raisonnements de ce genre : « S'il n'y a aucune inconvenance à manger, il n'y en a pas non plus à le faire en public ; manger est chose naturelle, il n'est donc pas inconvenant de manger sur la place publique. »

170. Il avait la repartie vive, comme le prouvent suffisamment les traits que nous avons cités. Lorsqu'on le mit en vente, il fit preuve d'une noble résignation : il se rendait à Égine, lorsque des pirates, conduits par Scirpalus, le firent prisonnier, le menèrent en Crète et le mirent à l'encan ; interrogé par le héraut sur ce qu'il savait faire, il répondit : « Commander aux hommes, » et lui montrant un Corinthien vêtu avec recherche (c'était Xéniade dont nous avons parlé), il ajouta : « Vends-moi à celui-ci, car il a besoin d'un maître. » Xéniade l'acheta en effet, et le conduisit à Corinthe, où il lui confia l'éducation de ses enfants et la direction de toute sa maison. Il s'acquitta si bien de ces diverses fonctions, que Xéniade disait partout : « Un bon génie est entré dans ma maison. »

171. Cléomène rapporte dans le livre intitulé Pédagogie que les amis de Diogène voulurent le racheter, mais qu'il les taxa de sottise et leur dit : « Les lions ne sont point esclaves de ceux qui les nourrissent ; les véritables esclaves, ce sont les maîtres des lions ; car le propre de l'esclave est de craindre, et les bêtes sauvages se font craindre de l'homme. »

---

36 Voir chez Ésope raconté par La Fontaine l'épisode de la langue.

Il possédait au suprême degré l'art de la persuasion, et il n'y avait personne qui pût résister au charme de sa parole. On rapporte à ce sujet le trait suivant : un certain Onésicrite d'Égine avait envoyé à Athènes le plus jeune de ses deux fils, nommé Androsthène, qui fut séduit par les discours de Diogène, et resta auprès de lui.

Le père envoya ensuite l'aîné Philiscus, déjà cité plus haut, et celui-ci s'attacha également à Diogène. Enfin Onésicrite vint lui-même, et se joignit à ses fils pour suivre les leçons du philosophe ; tant il y avait de charme dans la parole de Diogène.

Il eut pour disciples Phocion, surnommé le Bon, Stilpon de Mégare, et beaucoup d'autres qui ont joué un rôle politique. On dit qu'il mourut vers l'âge de quatre-vingt-dix ans ; mais on ne s'accorde pas sur le genre de mort : les uns prétendent qu'ayant mangé un pied de bœuf cru, il fut pris de violents vomissements et succomba peu après ; d'autres disent qu'il mit fin à ses jours en retenant sa respiration : « Diogène était alors établi au Cranium, gymnase situé aux portes de Corinthe ; ses amis étant venus le voir selon leur coutume, le trouvèrent enveloppé dans son manteau ; mais jugeant bien qu'il ne dormait pas, parce qu'ordinairement il n'accordait que peu de temps au sommeil, ils entrouvrirent son manteau et reconnurent qu'il ne respirait plus ; ils supposèrent alors qu'il avait volontairement mis fin à sa vie en retenant sa respiration.

Bientôt après une violente dispute s'éleva entre eux à qui l'ensevelirait ; ils étaient même sur.le point d'en venir aux mains, lorsque les magistrats et les chefs de la ville survinrent et le firent eux-mêmes enterrer non loin de la porte qui conduit à l'isthme. Sur son tombeau on éleva une colonne surmontée d'un chien en marbre de Paros.

Plus tard, ses concitoyens lui érigèrent des statues avec cette inscription :

« Le temps ronge l'airain; mais ta gloire, ô Diogène, vivra dans tous les siècles : car seul tu as appris aux mortels à se suffire à eux-mêmes ; tu leur as montré la route la plus facile du bonheur. »

Quelques auteurs prétendent qu'il avait ordonné, en mourant, de laisser son corps sans sépulture, afin que les bêtes fauves pussent se le partager, ou bien de le mettre dans une fosse en le recouvrant seulement d'un peu de poussière. D'autres disent qu'il demanda à être jeté sur les bords de l'Ilissus, afin d'être utile à ses frères.

Démétrius rapporte dans les Homonymes, que le même jour Alexandre mourut à Babylone et Diogène à Corinthe.

D'autres anecdotes récoltées ailleurs, ici ou là :

172. Un chauve l'injurie, il rétorque : « Je félicite tes cheveux d'avoir abandonné ta sale tête. »

173. Un marchand le menace du poing, Diogène réplique : « Tu te trompes ! Quand on tend la main à ses amis, on ne ferme pas les doigts ! ».

174. Un étranger de passage l'interpelle : " Eh, le philosophe, tu sais ce qui vieillit le plus vite chez les humains ?
– La bienveillance, répond Diogène.
– Et ce qu'il y a de plus beau au monde ?
– Le franc-parler ! Et toi, tu es un emmerdeur, ajoute le cynique.

175. Un autre jeune homme prend la relève. " C'est vrai, le Chien, que tu vis ici en exil ?
– Je suis très heureux d'être exilé, c'est grâce à cela que j'ai commencé à philosopher !
– Et tu en tires quoi, de la philosophie ?
— Au moins ça : être prêt à toute éventualité. »

176. DIOGÈNE, déjeunant un jour au cabaret, aperçut Démosthène qui passait dans la rue : il l'appela; et comme l'orateur ne se rendait point à l'invitation : "Eh quoi, ajouta Diogène, auriez-vous honte d'approcher d'un lieu où votre maître ne dédaigne pas d'entrer tous les jours ?"
Il voulait parler du peuple en général, et de chaque citoyen en particulier. C'était dire que les orateurs, ainsi que tous ceux qui, par état, haranguent le peuple, sont les esclaves de la multitude.

176. Un Spartiate citait avec éloge ce vers d'Hésiode : Un boeuf ne mourrait pas, si on n'avait pas un mauvais voisin. Diogène, qui l'en-

tendit, lui fit cette réponse : "Cependant les Messéniens ont péri avec leurs boeufs et vous êtes leurs voisins[37]."

177. Diogène étant allé à Olympie, y vit, durant la célébration des jeux, de jeunes Rhodiens superbement vêtus : "Voilà du faste," dit-il en riant. Un moment après, ayant rencontré des Lacédémoniens, portant de mauvaises tuniques sales : "Autre espèce de faste", dit le philosophe.

178. Diogène ressentait de la douleur à une épaule, soit qu'il eût été blessé... soit pour toute autre cause. Comme il paraissait souffrir beaucoup, quelqu'un qui n'était pas de ses amis, lui dit d'un ton moqueur :
– Eh pourquoi, Diogène, ne vous délivrez-vous pas à la fois et de vos maux et de la vie?
– Il est bon, répondit le philosophe que les gens qui savent ce qu'il faut dire et faire dans le monde, y restent longtemps (Diogène prétendait bien être de ce nombre)... Pour vous, qui paraissez ignorer l'un et l'autre, il vous conviendrait assez de mourir : mais moi, qui possède cette double science, il est à propos que je conserve mes jours.

179. Diogène de Sinope ne se lassait point de plaisanter sur la grossièreté et l'ignorance des Mégariens : « J'aimerais mieux, disait-il, être le bélier que le fils d'un Mégarien[38].» Il voulait faire entendre que les habitants de Mégare avaient plus de soin de leurs troupeaux que de leurs enfants.

180. Diogène de Sinope, abandonné de tout le monde, vivait isolé. Trop pauvre pour recevoir personne chez lui, il n'était reçu nulle part à cause de son humeur chagrine qui le rendait le censeur continuel des

---

37 Les Lacédémoniens les avaient vaincus et chassés du Péloponnèse.
38 Ce mot rappelle celui d'Auguste, au sujet d'Hérode : Il vaut mieux être le cochon d'Hérode, que son fils. Hérode avait fait mourir ses fils; et, comme juif, il ne mangeait point de cochon.

paroles et des actions d'autrui. Réduit à se nourrir de l'extrémité des feuilles des arbres, sa seule ressource, Diogène commençait à perdre courage, lorsqu'une souris, s'approchant de lui, vint manger les miettes de pain[39] qu'il laissait tomber. Le philosophe, qui observait avec attention le manège de l'animal, ne put s'empêcher de rire : sa tristesse se dissipa, la gaieté lui revint. « Cette souris, dit-il, sait se passer des délices des Athéniens; et toi, Diogène, tu t'affligerais de ne point souper avec eux ! » Il n'en fallut pas davantage pour rétablir le calme dans l'âme de Diogène.

181. Diogène aimait à dire : « C'est la peine qui est bonne. La peine choisie et voulue s'entend ; car, pour la peine subie, personne ne l'aime. »

182. Un jour qu'il était en train de manger des lentilles pour souper, il fut aperçu par le philosophe Aristippe. Celui-ci menait une existence confortable parce qu'il adulait le roi. Aristippe lui dit : « Si tu apprenais à flatter le roi, tu n'en serais pas à te contenter de lentilles ». Diogène lui répondit : « Si tu avais appris à te contenter de lentilles, tu n'aurais pas à ramper devant le roi »

. 183. Un jour donc, Laïs[40], par jeu avec sa suite de courtisans, harangua ainsi Diogène, qui mendiait sur l'Agora :
- Que dirais-tu de passer une nuit avec moi ?
Vu la réputation de la prostituée, Diogène s'en trouva réjoui. Il accepta. Elle lui suggéra donc de venir la nuit même, et de passer par une porte située à l'arrière de la maison, afin de ménager sa réputation. Les lumières seraient éteintes, et il ne devrait pas échanger un mot, sous peine de mettre fin à l'exercice.
Cependant, la rouée prêtresse de l'amour tarifé, avait placé dans la pièce en question une esclave, à laquelle elle avait donné ordre de ne

---

39 Diogène avait au moins du pain à manger avec ses feuilles.
40 Célèbre hétaïre surnommée La Hache selon Elien, « par allusion à la dureté de son caractère, et au prix excessif de ses faveurs, surtout pour les étrangers, parce qu'ils n'étaient à Corinthe qu'en passant »

pas parler ni de répondre au visiteur nocturne.
Le lendemain donc, elle alla au-devant de la victime de son bon tour, et l'interrogea :
- Alors Diogène ? Cette nuit ?
- Rien à redire, c'était parfait…
Partant d'un grand rire, elle lui révéla la supercherie :
- Sais-tu qu'au lieu de moi, tu as honoré une de mes esclaves ?
- Les lumières étant éteintes, toute femme est une Laïs, répondit-il. (Quand les bougies sont éteintes, toutes les femmes sont jolies. Plutarque)[41]

184. « Les mathématiciens étudient le soleil et la lune et oublient ce qu'ils ont sous les pieds."

185. «La science, les honneurs, les richesses sont de fausses richesses qu'il faut mépriser.»

186. «L'homme doit vivre sobrement, s'affranchir du désir, réduire ses besoins au strict minimum.»

187. Platon ? : «Un incorrigible bavard. Ses cours sont une perte de temps.». Euclide et son école ? : « Des mathématiciens atrabilaires ». Quant aux Mystères sacrés en l'honneur de Dionysos, il les appelait avec irrévérence «spectacles pour démagogues cinglés et valets de la populace !»

188. Socrate s'approche de lui, observe sa tunique trouée et lui dit : «Je ne vois rien que de la vanité dans les trous de ton manteau.» Diogène crache au visage de Socrate qui s'essuie furtivement passant son chemin...
Diogène qui n'admirait ni ne respectait Socrate, dit de lui : «Socrate mène une vie de mollesse : il s'enferme au chaud dans une maisonnette confortable, avec une femme aux petits soins, un lit douillet et d'élégantes pantoufles...»

189. Voyant un Africain manger du pain blanc, Diogène s'écrie : «Voilà que la nuit étouffe le jour!»

---

41 «Λυχνίας σβεσθείσης πάσα γυνή Λαΐς» Lychnias svisthissis passa gyni Laïs

190. Croisant un bossu, il lui dit : «Mon pauvre ami, je vois que pareil à l'escargot tu portes ta maison sur ton dos.»

191. On prétend que Praxitèle le prit un jour pour modèle car il était seul à pouvoir rester debout, sans bouger, durant des heures. Voyant l'admirable sculpture qu'il avait inspirée, Diogène se moqua de l'artiste disant qu'il avait fait de lui une Femme !

192. « Ce qui t'est indispensable coûte peu, c'est le superflu qui vaut la peau des fesses !» disait-il à qui se plaignait de manquer d'argent.

193. Diogène Laërce dit que Diogène le cynique «s'étonnait de voir les orateurs mettre tout leur zèle à parler de la justice, mais ne point la pratiquer, et encore les philosophes blâmer l'argent, mais le chérir par-dessus tout. Il condamnait aussi les gens qui louent les justes de ce qu'ils sont au-dessus des richesses, mais qui envient les gens fortunés.

194. « La richesse c'est la vomissure de la fortune », proclamait-il à qui voulait l'entendre.

195. Comme un philosophe qui venait de se faire gifler par un élève mécontent lui demandait que faire dans un pareil cas, il lui répondit : «Enseigner la sagesse c'est faire la guerre aux sots, alors mets un casque quand tu pérores !»

196. « N'aie qu'un ami : toi ! L'homme se suffit à lui-même ».

197. « La vertu est le souverain bien ; la beauté son reflet ».

198. « La science, les honneurs, les richesses sont de faux biens qu'il faut mépriser ».

199. « N'écoute pas les radoteurs qui te disent : "Ne fais pas ceci, ne fais pas cela!" ou affirment : "Quand on est jeune il est trop tôt, quand on est vieux il est trop tard !" Fais ce qui te plaît, quand il te plaît, où il te plaît !»

200. « Ne t'engage à rien, ne souscris à rien, ne t'encombre de rien, un homme libre n'a ni femme, ni maître, ni obligation, aucun de ces fardeaux qui pourrissent la vie et l'enlaidissent ».

201. « Moque-toi des conventions sociales et oppose-leur la nature; affranchis-toi du désir, réduis tes besoins au minimum et tu seras le plus heureux des hommes !» tels étaient les bases de sa philosophie.
Son programme tenait en quelques mots : « Je m'efforce de faire dans ma vie le contraire de tout le monde ». Il justifiait sa conduite en affirmant que les hommes s'imposent des efforts démesurés oubliant de vivre simplement et sainement selon la nature.

202. A un marchand de vin qui lui demandait quel vin il préférait, Diogène répondit : « Celui des autres, le tien par exemple !»

Nasr Eddin rencontre Diogène

Ο
ΝΑΣΡΕΔΙΝ
ΧΟΤΖΑΣ

Μεταφρασθεὶς ἐκ τοῦ Τουρκικοῦ.

k: Nasteddin, Hoca
GK: Nasr al-Dīn, Khwājah.

ΕΝ ΣΜΥΡΝΗι.
Ἐκ τοῦ Τυπογραφείου τῆς ΦΙΛΟΛΟΓΙΑΣ.

2ᵉᵐᵉ partie : Nasr Eddin

Toutes les histoires rapportées ici sont issues du folklore grec, ainsi que de deux principaux ouvrages.

Le premier, édité en 1848, à Constantinople (ou Smyrne ?), intitulé « Τριάκοντα τρία αστεία του Νασρεδίν Χότζα » (Trois cent trois blagues de Nasreddine Hodja) et déniché sur Google Books. Traduit du turc, on passe subitement du grec littéraire au turc écrit avec des lettres grecques dès la page 12.

Le second, édité en 1921 à Athènes, intitulé « Οι Ευτράπελες Ιστορίες του Νασρ-εν-ντιν Χότζα » (Les facétieuses histoires de Nasr-en-din Hodja) traduit depuis l'arabe par Costas Trikoglidis. Maintes fois réédité, maintes fois épuisé en librairie.

Certaines histoires, trop longues, ont été mises de côté, et feront l'objet d'un troisième tome. Également, j'ai abandonné le classement alphabétique, au profit d'une numérotation.

Enfin, les redites ont été impitoyablement éliminées, ainsi que les variantes, à moins de présenter un intérêt particulier, comme une nouvelle direction, une chute différente.

Les mots en gras et en italique dans les histoires renvoient au glossaire en fin d'ouvrage.

Une toute dernière petite précision : les vocables < μωρέ > et ses déclinaisons < ρε >, < βρε > et < μπρε >, dont l'origine remonte à l'ancien grec < μωρός > (moros : idiot, imbécile), que l'on retrouve notamment dans le mot < oxymore >, ont soit été traduits précisément par « oh ! con », soit par « bon sang »…

Nasr Eddin rencontre Diogène

1 Μίαν ἡμέραν ὁ Χότζας Νασρεδὶν Ἐφέντης ἀνέβη ἐπάνω εἰς τὸν ἄμβωνα διὰ νὰ κάμῃ διδαχήν, καὶ εἶπεν· Ὦ πιστοί! ἐξεύρετε τί θὰ σᾶς εἰπῶ; —Ὄχι, Χότζα Ἐφέντη, δὲν ἐξεύρομεν, ἀπεκρίθησαν τὸ πλῆθος. —Ἀνίσως λοιπὸν σεῖς δὲν τὸ ἐξεύρετε, εἶπεν ὁ Χότζας, ἐγὼ τί νὰ σᾶς εἰπῶ; Μίαν ἄλλην ἡμέραν ὁ Χότζας ἀνέβη πάλιν εἰς τὸν ἄμβωνα καὶ εἶπεν· ὦ Μουσουλμάνοι! Ἐξεύρετε τί θὰ σᾶς εἰπῶ; Ναί, ἐξεύρομεν, ἀπεκρίθησαν ὅλοι. Ἀνίσως λοιπὸν σεῖς τὸ ἐξεύρετε, ἐγὼ τί νὰ σᾶς τὸ εἰπῶ; Καὶ κατέβη ἀπὸ τὸν ἄμβωνα καὶ ἔφυγε. Τὸ δὲ πλῆθος ἐθαύμασαν καὶ ἐσυμφώνησαν· ἂν ἐξαναναβῇ πάλιν εἰς τὸν ἄμβωνα, ἄλλοι νὰ εἰποῦμεν, ἐξεύρομεν, καὶ ἄλλοι νὰ εἰποῦμεν, δὲν ἐξεύρομεν. Ὁ Χότζας λοιπὸν κατὰ τὸ συνειθισμένον του ἀνέβη πάλιν εἰς τὸν ἄμβωνα καὶ εἶπεν· Ὦ ἀδελφοί! ἐξεύρετε τί θὰ σᾶς εἰπῶ; Ἄλλοι τὸ ἐξεύρομεν, καὶ ἄλλοι δὲν τὸ ἐξεύρομεν, ἀπεκρίθησαν. Ὡραῖα! εἶπεν ὁ Χότζας· Ὅσοι λοιπὸν τὸ ἐξεύρουν ἂς τὸ μάθουν εἰς ἐκείνους οἱ ὁποῖοι δὲν τὸ ἐξεύρουν.

2. Μίαν ἡμέραν ὁ Χότζας Νασρεδὶν Ἐφέντης ἐφώναξεν· ὦ πιστοί, ἀποδώσατε χάριτας εἰς τὸν Παντοδύναμον Θεόν, ὅτι δὲν ἔδωκε πτερὰ εἰς τὴν καμήλαν. Ἂν τῆς ἔδιδε, θὰ ἤρχετο ἐπάνω εἰς τὰ σπίτια καὶ τὰ δώματά σας, καὶ θὰ σᾶς τὰ ἐκρήμνιζεν εἰς τὰ κεφάλια.

3. Μίαν ἡμέραν ὁ Χότζας Νασρεδὶν Ἐφέντης ἀνέβη πάλιν εἰς τὸν ἄμβωνα, εἰς μίαν πόλιν, καὶ εἶπεν· Ὦ πιστοί! Τὸ κλίμα αὐτῆς τῆς πόλεως καὶ τὸ κλίμα τῆς ἰδικῆς μας εἶναι τὸ ἴδιον. Καὶ ποῦ τὸ ἐξεύρις, Χότζα Ἐφέντη, τοῦ εἶπαν τὸ πλῆθος; —Ἴδα, ἀπεκρίθη ὁ Χότζας, ὅτι ὅσα ἄστρα εἶναι εἰς τὸ Ἀξάρι, τόσα εἶναι καὶ ἐδῶ.

4 Μίαν ἡμέραν ὁ Χότζας ἐμβῆκεν εἰς τὸν λουτρόν, καὶ βλέπων ὅτι ψυχὴ δὲν ἦτο μέσα, ἐστενοχωρήθη, καὶ ἤρχισε νὰ τραγῳδῇ ὅ,τι τοῦ ἤρχετο. Ἡ φωνή του τὸν ἤρεσε, καὶ εἶπε καθ᾽ ἑαυτόν· Ἐπειδὴ ἔχω τόσον ὡραίαν φωνήν, πρέπει νὰ τὴν χαρῇ καὶ ὁ κόσμος. Εὐθὺς δ᾽ ἐκβῆκεν ἀπὸ τὸν λουτρόν, καὶ κατ᾽ εὐθεῖαν ἀνέβη ἐπάνω εἰς ἕνα μιναρέν. Ἦτο δὲ μεσημβρίον, καὶ ἤρχισε

Nasr Eddin rencontre Diogène

1. Camouflage complet

Lors d'une réunion d'amis, un des présents lâche, malgré lui, un pet sonore. Alors que toute la pièce commence à puer, le coupable, rouge de honte, tente en frappant le sol du pied, d'imiter le bruit du tonnerre pour dissimuler le sien … naturel.

Nasr Eddin, qui faisait partie de l'assemblée, lui suggère d'une voix sucrée :

-- Mon bon ami, pour imiter le bruit, tu as été parfait. Trouve maintenant quelque chose parce la puanteur est en train de nous étouffer !

2. Puisque la montagne ne vient pas à Mahomet

Souvent, l'exagération fait partie de notre quotidien. En bonne compagnie, quand de plus coulent les boissons et circule le narghilé, on entend parfois les choses les plus incroyables.

Nasr Eddin est assis avec des amis pour déjeuner, et alors qu'ils mangent, boivent et fument, chacun racontant ce qui lui passe par la tête, il se lance et affirme le plus sérieusement du monde qu'il est un saint.

-- Si tu es un saint, accomplis un miracle, lui demande un des convives.

-- Faites un voeu, et je l'exaucerai, répond-il.

-- Ordonne donc à la montagne de venir ici devant nous !

Notre hodja, arborant un air de Moïse, se lève de son siège, se dirige vers la fenêtre et commande à la montagne de s'approcher. Mais la montagne ne semble pas coopérer, et avant que les autres ne commencent à mettre en doute sa sainteté, notre homme saute par la fenêtre et se dirige vers la montagne appelée et immobile.

-- Où vas-tu, Nasr Eddin ? l'interrogent ses amis.

-- Puisque la montagne ne vient pas à Mahomet, c'est Mahomet qui ira à la montagne, répond le mis en cause.

3. Attention que la queue ne goutte pas

Nasreddine a perdu son âne et le cherche partout. A un moment donné, il regarde dans le puits, et y voit la pauvre bête noyée. Son chagrin est immense, car son affection pour son âne est bien connue.

Conscient cependant que ce n'est pas en restant chagriné qu'il sortira son animal bien-aimé, il envisage de le sortir du puits pour l'enterrer. Entreprise difficile, le hodja étant vieux et faible.

Aussi, il appelle un jeune gars du village, réputé pour sa force herculéenne, afin de l'y aider. Le jeune, grâce à de solides cordes et un bon treuil, descend dans le puits, arrime solidement l'âne, et commence à le remonter vers la surface. A ce moment-là, Nasreddine lui crie :

-- Doucement, mon brave petit ; fais bien attention à ce que sa queue ne goutte pas dans le puits. L'âne est mort depuis bien des jours déjà, et il empuantirait l'eau !

4. Dévorer des yeux

Nasr Eddin, de passage dans une petite ville, fut sollicité en tant que cadi pour régler un différend.

Voilà les faits : le pauvre homme est entré dans la cantine, brandissant un vieux bout de pain dans la main. Il a demandé au cuisinier s'il pouvait garder quelques instants son pain au-dessus de la vapeur des plats, de façon à ce qu'il ramollisse un peu et qu'il puisse le manger. Le cuistot a accepté de bon cœur et, au bout d'une demi-heure le pauvre l'a remercié pour sa bonté, puis a fait mine de partir. Mais le gargotier lui a demandé de payer parce que, dit-il, la vapeur des plats l'a repu, donc il a consommé. Et en tant que consommateur, il devait régler.

-- Parfaitement, mollah, ajoute le gâte-sauce, au fur et à mesure que son pain ramollissait à la vapeur de la bouillabaisse, il ne cessait de psalmodier : « mes yeux dévorez, repaissez-vous de poisson ! ». Ce qui veut dire qu'il ne mange pas uniquement avec sa bouche, mais aussi avec les yeux. Puisque donc ses yeux ont été repus, je l'ai bel et bien nourri. Ne devrais-je pas être payé pour cela ?

5. Un bain au minaret

Un jour, le mollah entra au hammam et, voyant qu'il n'y avait pas un chat, se sentit bien chagriné ; aussi entreprit-il de chanter ce qui lui passait par la tête. Il trouva sa voix merveilleuse et se dit, en lui-même : « Puisque j'ai une aussi belle voix, faisons-en profiter le monde ». Ainsi, il sortit du hammam pour grimper aussitôt en haut d'un minaret. Alors qu'il n'était pas midi, il entama l'appel à la prière.

Un des badauds qui était au pied du minaret levant les yeux, vit le hodja claironner alors que ce n'était pas l'heure. Il le harangua donc de la sorte :

-- Imbécile, à cette heure et avec cette maudite voix, tu appelles à la prière ?

Immédiatement, Nasreddine dégringola les escaliers pour rejoindre son interlocuteur :

-- Qu'est-ce que ce serait bien si une âme compatissante construisant un bain dans ce minaret pour que ma voix ne soit pas aussi immonde !

6. Le jour de la lune

Un jour, alors que Nasreddine se promenait au marché, un homme l'a arrêté pour lui demander :

-- Dis-mi, Hodja Effendi, nous en sommes au troisième ou au quatrième jour de la nouvelle lune ?

-- Je ne sais pas, lui répondit-il, car je n'ai ni acheté ni vendu de lune.

7. L'échelle

Un jour, le hodja prit une échelle sur l'épaule, la porta et l'appuya contre le mur d'un verger. Après avoir grimpé sur le muret, il tira l'échelle et redescendit de l'autre côté. Mais le propriétaire le surprit :
-- Qui es-tu ? Et que viens-tu faire céans ?
-- Je vends l'échelle, lui répondit Nasreddine.
-- Et tu as pensé que tu la vendrais ici ? demanda le jardinier.
-- Imbécile, répondit le hodja, l'échelle se vend n'importe où elle se trouve.

8. La malade

La femme de Nasr Eddin était gravement malade et alitée. Aux familiers venus lui demander de ses nouvelles, il répondait invariablement :
-- Ce matin, elle se portait comme un charme, mais maintenant elle se meurt.

9. La mort du hodja

Un jour, Nasreddine demanda à sa femme :
-- Femme, comment sais-tu que quelqu'un est en train de mourir ?
-- Ses mains et ses pieds refroidissent et gèlent, c'est comme ça qu'on le sait.
Quelque temps plus tard, notre mollah s'en fut dans la montagne couper du bois, quand il constat que ses mains et ses pieds gelaient de froid. « Là ! fit-il, je suis mort » et il s'allongea sous un arbre. Des loups apparurent, attaquèrent son âne et le dévorèrent. De là où il était allongé, le hodja leur fit :
-- Vous avez de la chance que l'âne soit sans défense ; son maître vient juste de mourir.

10. Dans les filets

Un jour, le hodja s'en fut pécher avec des amis à lui. Comme ils jetaient les filets à la mer, Nasr Eddin se précipita dedans.

-- Mais qu'as-tu donc bien voulu faire, effendi ? l'interrogèrent les autres.

-- J'ai cru que j'étais un poisson, et je me suis pris dans les filets.

11. Le jus du jus

Un jour, un lointain parent vint du village, et apporta un lièvre au hodja. Celui-ci le reçut avec beaucoup d'honneurs et de soins, et lui offrit une chorba que sa femme avait fait avec le gibier. Khadija sa femme étant une fameuse cuisinière, leur hôte se régala.

Au bout d'une semaine, le parent revint, et le mollah, oubliant qu'il avait été son hôte, lui demanda :

-- Qui es-tu ?

-- Je suis celui, répondit ce dernier, qui t'a apporté un lièvre il y a peu de temps.

Nasr Eddin le reçut de nouveau avec honneur et soins.

Quelques jours plus tard, des étrangers vinrent dans l'espoir de se faire aussi inviter. Le hodja leur demanda :

-- Qui êtes-vous ?

-- Nous sommes des parents de ton parent qui t'a apporté un lièvre.

Il les reçut donc.

Peu après, d'autres survinrent.

-- Et vous, qui êtes-vous ?

-- Nous sommes des parents des parents de ton parent qui t'a apporté le lièvre, tu te souviens ?

- Soyez les bienvenus, les accueillit le hodja, entrez, installez-vous ; je vais vous servir quelque chose.

Et il leur apporta à chacun une écuelle pleine d'eau claire.

-- Mais qu'est-ce que cela, hodja ? Te moques-tu de nous ?

-- Pas du tout. Vous m'avez bien dit que vous étiez des parents des parents de mon parent qui m'a apporté le lièvre, c'est ça ?

-- C'est exact, mais nous ne comprenons pas.

-- Eh bien, voilà le jus du jus de la chorba.

12. La chorba

De retour vers son foyer, Nasr Eddin envisagea quelques mendiants et leur dit :

-- Messieurs, prenez la peine de venir chez moi dégustez une assiette de chorba.

Les mendiants le complimentèrent, le bénirent, et le suivirent. Le hodja les fit entrer chez lui et monter dans sa chambre. Comme il entrait le premier, il dit à sa femme :

-- Femme, j'ai amené des invités, prépare-nous un peu de chorba qu'on leur distribue à chacun une assiette.

-- Ah ! Effendi, répondit-elle ; avons-nous de l'huile ? Avons-nous du riz ? Avons-nous autre chose pour que je puisse préparer une chorba ?

-- Ne t'inquiète pas, fit-il, donne-moi la marmite.

Et, se dirigeant vers la chambre, il s'adressa à ses hôtes :

-- Messieurs, mes excuses, mais si nous avions à la maison de l'huile et du riz, j'avais pour dessein de vous faire dans cette marmite une belle soupe.

13. Les disciples

Un jour, le hodja invita ses élèves à la maison. Arrivés à la porte, il leur dit :

-- Attendez-moi là, je vais entrer.

Quand il fut à l'intérieur, il s'adressa à sa femme :

-- Femme, débrouille-toi pour les chasser d'ici.

Elle sortit donc, et leur annonça :

-- Le hodja n'est pas là.

-- Mais que dites-vous ? répondirent les élèves, puisqu'il était avec nous lorsque nous sommes venus.

-- Non, il n'est pas venu ; il n'est pas là.

Et une querelle s'éleva entre eux. Ce qu'entendant depuis sa chambre, le mollah sortit la tête par la fenêtre :

-- Eh ! Hommes de Dieu, pourquoi chamailler ? peut-être que la maison a deux portes ; et que par l'une il est entré pour sortir par l'autre.

14. Les vertus de l'âne

Un matin, Hodja est descendu au bazar et a remis son âne à un courtier pour le lui vendre.

Peu de temps après, un acheteur est apparu, qui a ouvert la bouche de l'âne pour estimer son âge à partir de ses dents, mais, là où il était en train de l'examiner, l'âne a ouvert ses mâchoires et a mordu la main de l'acheteur.

Bientôt un autre acheteur est apparu, qui a tâté les fesses de l'âne et a soulevé sa queue pour voir si ses cuisses étaient épaisses, mais l'âne a soulevé ses jambes et lui a donné des coups de pied.

Ensuite, le courtier est retourné à Hodja et a dit:

-- Mon cher ami, reprenez votre âne et débarrassez-moi de lui. Parce que, qui voudrait acheter une telle bête, qui à la fois mord celui qui passe devant elle et qui donne des coups de pied à celui qui passe derrière elle ?

Hodja a éclaté de rire et a répondu:

- Écoutez, laissez-moi vous dire la vérité: je ne vous l'ai pas amené pour le vendre, mais, pour que les gens puissent voir à son comportement ce que j'endure avec lui !

15. Sa faute

Un jour, Nasr Eddin, avec quelques économies qu'il avait faites, acheta un petit champ, où il entreprit d'aller tous les matins, et levant les yeux vers le ciel, il dit:

- Mon Dieu, tourne les yeux et vois : c'est le domaine de ton fidèle serviteur, qui t'adore toute l'année ; alors s'il te plaît, ne le néglige pas, verse juste beaucoup d'eau pour me donner des fruits.

Et il a continué à faire cela pendant un certain temps. Il va sans dire qu'il n'a jamais pris une pelle pour creuser, ni une charrue pour labourer ou semer, sauf qu'il l'a laissé à la miséricorde et au secours de Dieu.

Eh bien, une nuit, alors qu'il dormait, Nasr Eddin Hodja a entendu une agitation dans son sommeil et comme s'il y avait du vent. Il se leva aussitôt et vit que les chutes d'eau dans le ciel étaient printanières et que la pluie tombait à seaux.

Il faillit s'évanouir de joie:

- Bien joué, dit-il, bien joué! Gloire au nom de Dieu, qui a entendu ma prière! Maintenant, mon champ fera pousser les épis plus haut que ma taille.

Et il était impatient, à l'aube, d'aller voir ce spectacle très agréable.

Finalement, il se leva et, sans perdre un instant, il monta sur son âne et partit pour son champ. Mais quand il s'est approché de l'endroit, il ne savait même pas où se trouvait son champ, car toute la zone environnante était inondée par la pluie et ressemblait à un vaste lac.

Puis Nasr Eddin, voyant dans quel état se trouvait son champ, leva les mains et les yeux vers le ciel et dit à haute voix:

- Ce n'est pas votre faute, mon Dieu! C'est ma faute, moi qui me suis montré si bête, de vous montrer mon domaine!

16. L'entremetteur

Parmi les enfants, qui ont fréquenté l'école de Nasr Eddin, il y avait aussi un garçon libre et une fille esclave, et le garçon était tombé éperdument amoureux de la fille.

Eh bien, un jour, pendant la pause, alors que les autres enfants jouaient dans la cour, le petit amant a pris l'ardoise de la fille et y a écrit les paroles suivantes:

«Que direz-vous de lui, qui a été anéanti par le chagrin de l'amour et qui a perdu sa raison, pour vous?

«Que lui direz-vous, lui dont la douleur ardente le fait soupirer lourdement en cachette, et dont le cœur ne peut plus supporter le poids de ce secret?»

Quand la petite fille a lu son ardoise, elle a lu les paroles écrites dessus, les a senties et a pleuré. Puis elle sortit la craie et écrivit, ci-dessous, ces versets:

«Quand je vois un amoureux souffrir pour moi comme ça, et me convoiter, comment mon cœur peut-il ne pas lui répondre?

«Oui, tout ce que vous voulez de moi, venez le prendre, mon cher, et laissez-moi souffrir si je dois souffrir.»

Or, à la deuxième pause, il arriva que Nasr Eddin resta en classe, et, passant devant le bureau de la petite esclave, prit son ardoise dans ses mains par curiosité et lut les paroles du garçon et la réponse de la fille.

Eh bien, son vieux cœur était si ému par les sentiments des deux enfants, qu'il a immédiatement sorti un crayon de sa poche et a écrit ces paroles à la fille:

«Réconfortez votre amant et n'ayez pas peur des conséquences. Regardez comment e chagrin le ronge, le malheureux garçon!

« Pas même de votre maître, n'ayez peur: il ne vous disputera pas : pourquoi ? eh bien !, il a éprouvé lui aussi les tourments de l'amour.

Puis il a remis l'ardoise à sa place et est sorti de la classe

Mais, dès qu'il sortit, le maître de l'esclave entra, qui, voyant l'ardoise sur son bureau, la prit et lut ce que le garçon, la fille et le professeur avaient écrit; et prenant un crayon, il écrivit aussi au-dessous:

«Que Dieu bénisse toujours votre amour et que mes yeux se détachent si j'essaie de faire obstacle à votre union.

"Mais, quant au professeur, par mon âme, dans ma vie je n'ai pas vu un plus grand entremetteur que lui."

17. Le poète

Une nuit, où Nasr Eddin ne trouvait pas le sommeil, il se redressa brusquement et réveillant sa femme par ses cris :

-- Debout ! Debout ! Allume vite la bougie, apporte-moi du papier et de l'encre, que j'écrive un distique qui m'est venu à l'esprit, et que la Terre entière va admirer.

Sa femme a allumé une bougie, lui a apporté stylo et papier, et il s'est appliqué à calligraphier ses deux lignes, tirant la langue tout en surveillant son orthographe. Lorsqu'il eut fini, sa femme lui demanda :

-- Mon mari, tu ne me lis pas à moi aussi, ce distique qui va faire ta gloire ?

-- Avec joie. Ecoute et admire : « Dans le feuillage dru et vert / un merle au bec rouge » ; hein ! qu'en penses-tu ?

18. La chemise

La femme du hodja avait lavé la chemise de son homme, et, après l'avoir enfilée sur une tringle, ficha cette dernière dans un coin du salon pour qu'elle sèche pendant la nuit.

Pendant la nuit, justement, Nasr Eddin eut une petite envie, et se leva pour sortir. Mais, dès qu'il ouvrit la porte, il a vu la lueur de la lune éclairer la chemise qui remuait sous la brise dans le salon, et son cœur faillit lâcher, parce qu'il a cru à un voleur. Il fit demi-tour, s'empara de son arc, et lança une flèche en direction du visiteur imaginaire. Puis il ferma la porte à double tour et se recoucha.

On dit, mais qui sait ? que cette nuit-là, vu qu'il avait été empêché de se rendre au petit coin, Nasr Eddin s'est pissé dessus, ce qui fit pousser à sa femme les hauts cris, jusqu'à ce qu'il lui en explique les raisons.

Au matin, il se réveilla et, prenant sa femme par la manche, il sortit de la chambre pour voir ce qu'était devenu l'homme qu'il avait abattu pendant la nuit. Mais il ne vit que sa chemise, suspendue dans le salon, et percée de part en part par la flèche. Ebahi, il se tourna alors vers sa moitié pour lui confier :

-- Hein ! Femme, loue le seigneur ! Heureusement que je ne portais pas la chemise car sinon tu serais veuve aujourd'hui, ma pauvre !

19. Les vieilles lunes

En se rendant dans un lointain village, Nasr Eddin rencontra un berger, lequel lui demanda :

-- Dis, Hodja ! Est-il vrai que tu es maître en Droit et en Religion, comme on dit, et sage ?

-- Eh hé ! et que crois-tu donc ?

-- Alors écoute : j'ai depuis longtemps des doutes. J'ai interrogé de nombreux lettrés, des voyageurs provenant de tous horizons, mais personne n'a su me répondre. Si toi tu arrives, je dirais partout que tu es un grand homme et un Sage, plus fort encore que Salomon.

-- Vas-y, pose ta question qu'on voie un peu ...

-- Quand la nouvelle lune sort, elle apparait toute petite puis peu à peu grandit jusqu'à paraître comme une roue de voiture. Ensuite arrive une nouvelle lune. Mais que deviens la vieille lune ? Peux-tu me dire ?

-- Oï oï, mon pauvre ! Tu ne sais donc pas ? Les vieilles lunes se découpent après en tranches toutes fines, qui deviennent des éclairs. Tu n'as pas vu que quand il tonne, elles apparaissent comme des épées ?

-- Bravo ! bravo, mon hodja ! Viens là que je t'embrasse ! clama le berger enthousiaste. Tu es, en réalité, un très grand Sage ! oui, c'est bien ce que je pensais moi aussi !

20. L'accouchement du chaudron

Un jour, Nasr Eddin emprunta un chaudron à son voisin pour faire bouillir, selon ses dires, du moût.

Après quelques jours, il rapporte au voisin le chaudron, accompagné d'une bouilloire. Le voisin s'étonne :

-- Qu'est-ce que cette bouilloire, hodja ?

-- Pendant son séjour chez moi, ton chaudron a accouché de cette bouilloire, répondit-il.

Le voisin accueillit donc la bouilloire avec joie, remercia chaleureusement Nasr Eddin, et lui présenta ses excuses pour les désagréments dus à l'accouchement.

Un mois plus tard, le mollah emprunta à nouveau le chaudron ; mais il ne le lui rendit pas cette fois. Le voisin, voyant le temps passer sans retour du chaudron, alla donc le réclamer à son compère.

-- Que le ciel te préserve ! Ton chaudron est mort.

-- Comment ? fit le voisin abasourdi : un chaudron peut mourir ?

-- Eh bien, lui rétorqua le rusé mollah. Tu crois bien que le chaudron accouche, mais tu ne veux pas admettre qu'il meurt également ?

-- Je n'y crois goutte à tes histoires, fit le voisin furieux, allons de suite chez le cadi pour qu'il tranche !

-- Chez le cadi, et même chez le Sultan, si tu veux ! Allons.

Au tribunal, quand leur tour fut venu, Nasr Eddin attaqua bille en tête :

-- Cadi, m'accorderas-tu que ce qui naît peut mourir ?

-- Mais évidemment, répondit le juge.

-- Alors, quand le chaudron de cet homme, fit le hodja en désignant son crédule voisin, accouche, il recueille avec joie autant le chaudron que son bébé. Mais maintenant que son chaudron est mort, il ne veut rien entendre. Alors départage-nous, de grâce !

Le cadi, ne pouvant revenir sur son jugement précédent, donna donc raison à Nasr Eddin, et renvoya le voisin faire son deuil en compagnie de la bouilloire.

21. Les mules

Le hodja dut se rendre dans une ville où les affaires l'appelaient, pour un certain temps.

Avant de partir, il lui demanda ce qu'elle voudrait qu'il lui rapporte en guise de présent, et celle-ci le pria de lui ramener une paire de mules brodées d'or, comme on fabriquait dans cette ville, solides et élégantes.

C'est donc bien volontiers que Nasr Eddin lui promit mais, tandis qu'il se trouvait encore au loin, il fut informé qu'en son absence sa femme s'était acoquinée avec de nombreux soupirants. Aussi, quand sonna l'heure du retour, lui acheta-t-il une paire de pantoufles minables, en carton et tissu de mauvaise qualité, au lieu des élégantes mules brodées d'or désirées.

-- Mais mon mari, n'as-tu pas honte de me rapporter des pantoufles en toc, qui ne tiendont pas même une journée ? hurla de colère sa femme dès qu'elle les vit.

Et le hodja :

-- Tais-toi, misérable, parce qu'avec tes agissements, tu les auras pour dix ans encore, ces maudites pantoufles, et tu n'es pas prête d'en voir la fin…

22. Maintenant qu'il s'est habitué

Le hodja décida un beau jour, pour des raisons d'économies, d'accoutumer son âne à ne plus manger, et il cessa par conséquent de l'alimenter. Evidemment, le pauvre animal creva quelque temps plus tard de famine.

Et le hodja, voyant traîner par terre la charogne, poussa ce cri d'indignation :

-- Que le diable l'emporte ! Maintenant qu'il s'était enfin habitué à ne plus manger, il a fallu qu'il crève, le trois fois maudit !

23. Le poisson

Nasr Eddin jeune apporta, un vendredi, un poisson vif, et lui demanda de la faire cuire pour quand il reviendrait de la grande prière à la mosquée. Sa femme, à l'époque, était folle et un peu idiote, badinant avec tous les jeunes du quartier ; c'est pourquoi le hodja la chassa plus tard, pour se remarier.

Donc, ce jour-là, alors que son mari était à la mosquée, vint un ami à elle, qui l'invita à un mariage qui se déroulait chez lui. Trop contente, elle accepta. Jetant donc le poisson dans un bocal rempli d'eau, elle s'absenta une semaine entière, jusqu'au vendredi suivant, alors que Nasr Eddin la cherchait de maison en maison, sans nouvelles d'elle.

Il était donc bien remonté contre elle quand il la vit (le vendredi d'après) débarquer. Il se précipita vers elle et l'incendia littéralement, la traitant de tous les noms et déterminé à la frapper avec une batte. Mais elle, rapporta le poisson dans son bocal et le posant devant lui, se mit à hurler de toutes ses forces, si bien que les voisins accoururent pour voir de quoi il retournait.

S'arrachant les cheveux et se labourant les joues avec ses ongles, elle se lamenta, rapportant de quelle manière se comportait son mari, « ce criminel qui voulait la faire mourir ».

Il se plaignit à son tour, mais personne ne voulut le croire. Ils prenaient tous le parti de la femme, disant d'une seule voix :

-- Il ne peut pas en être comme tu dis, car comment aurait fait le poisson pour demeurer en vie pendant tout ce temps ?

Ils rirent, se moquèrent de lui, le traitant de fou.

On dit que, depuis ce jour-là, plus jamais le hodja ne fit entrer de poisson dans sa maison. Lorsqu'un de ses amis lui en demanda la raison, il répondit :

-- Ecoute, la dernière fois que j'ai ramené un poisson chez moi, ils m'ont traité de fou. Si je recommence, ils me mettront la camisole.

24. La vente de la vache

Un jour, Nasr Eddin descendit au marché vendre sa vache, et il eut beau la balader de droite et de gauche, personne ne se présentait pour l'acheter. Soudain, un crieur public s'approche de lui et lui fait :

-- Tu es là depuis l'aube, et tu n'es pas encore arrivé à vendre ta vache ? Confie-la-moi, et tu verras que je te la négocierai en moins de temps qu'il ne faut pour le dire !

-- Vas-y, prends-la !

Le maquignon s'empare de la vache et la montre par tout le marché, clamant ses qualités :

-- Qui veut de ma vache ? Pleine de six mois et génisse de quatre ans à peine !

Il ne tarda pas à trouver acquéreur.

25. Un mort en goguette

Un matin, Nasr Eddin était sorti quelque peu hors de la ville, histoire de respirer un peu d'air frais, quand il vit de loin plusieurs cavaliers en approche. L'idée lui vint que c'étaient des voleurs et des criminels, et qu'ils voulaient lui ôter la vie. Paniqué, il a couru dans le cimetière tout proche et, après s'être déshabillé en hâte, il est entré et s'est allongé dans une tombe.

Mais les cavaliers l'avaient bel et bien aperçu. S'approchant, ils l'interpellèrent :

-- Oh ! l'homme ! pourquoi es-tu allongé au fond de ce trou ?

Et notre hodja, ne voulant pas montrer sa peur, de répondre :

-- Je suis un des morts qui reposent dans ce cimetière, et ce matin, je suis sorti de ma tombe me promener et me rafraîchir un brin.

26. La coupe du cordon

Le jour où la femme du hodja mit au jour un garçon, la sage-femme ainsi que les autres femmes qui l'assistaient appelèrent le père du nouveau-né :

-- Allez viens, mollah, coupe toi-même le cordon ombilical de ton fils, vu que tu as la main heureuse.

Nasr Eddin s'empara du cordon et, au lieu de le couper là où il aurait dû, bien proprement avec des ciseaux, il tira fortement et l'arracha à la racine, laissant un trou sur le ventre de l'enfant.

-- Mais que fais-tu, insensé ? crièrent affolées les commères.

-- Pas grave, fit-il. Il a déjà tant de trous ; un de plus ou de moins…

27. La prophétie

Notre mollah, en homme prévoyant qu'il était, prit un matin d'automne sa hache et s'en fut couper du bois pour l'hiver. Il grimpa dans un arbre, et se mit en train de couper la branche même sur laquelle il était assis. Un de ses amis qui passait par là le vit et cria :

-- Eh hodja ! bougre d'andouille ! que fais-tu ? tu vas tomber !

Nasr Eddin se retourna, lui lança un coup d'œil furibond, et sans plus daigner lui répondre, continua son ouvrage. Et, quelques instants plus tard, bien évidemment, la branche fut coupée, et il dégringola par terre.

Le hodja admira la prémonition de son ami et, lui courant après, lui cria :

-- Ami ! Ô ami ! Toi qui savais que j'allais tomber, c'est certain que tu sais aussi quand je mourrai. Ne veux-tu pas me le dire ?

L'autre, pour s'en débarrasser, lui prédit :

-- Le jour où tu feras descendre de la montagne ton âne chargé, et que tu l'entendras péter par deux fois, ce jour-là tu mourras. Au premier pet, ton âme montera à tes lèvres ; au deuxième elle s'envolera vers les cieux.

Ainsi, quelque temps plus tard, Nasr Eddin descendait la montagne avec son âne chargé quand, soudain, l'âne lâcha deux pets. Le hodja se souvint aussitôt de la prédiction et, lâchant son âne, s'allongea sur le sol avec ces mots :

-- Ça y est ! je suis mort !

Au bout de quelques heures, des gens passant par là et le voyant dans cette posture, le crurent mort. Improvisant une civière de fortune, ils l'allongèrent dessus pour le transporter chez lui. Mais, arrivés à un endroit où le chemin devenait impraticable tant il y avait de boue, ils s'arrêtèrent pour se concerter quant à la route à suivre. Subitement, le mort perdant patience souleva la tête et cria :

-- Ho ! pourquoi vous vous querellez ? Moi, c'est par là que je passais, de mon vivant.

28. La chemise volée.

Un jour, quelqu'un confia au mollah une chemise pour qu'il aille la vendre au marché. Ce qu'il fit, mais oisivement il erra de droite et de gauche et, dans la presse, il se fit subtiliser sans s'en apercevoir la chemise en en question.

La chemise avait été volée avant qu'on lui donne à vendre, il le savait. Aussi, à son retour, quand la personne qui la lui avait confiée l'interrrogea combien il l'avait vendu, il répondit :

-- Oh con ! Il n'y avait pas un chat aujourd'hui, au marché, le croiras-tu ? Ta chemise, dès que j'ai pun je l'ai vendue à sa valeur, c'est-à-dire au prix où tu l'avais achetée …

29. L'invité

Par une nuit d'été, le hodja et sa femme dormaient dans leur salon étroit, quand il l'entendit s'adresser dans son sommeil à son premier mari, qui s'appelait Habib, et le remercier pour les caresses que semblait-il il lui avait prodigué dans son rêve.

C'était, bien sûr, plus que ne pouvait supporter le digne Nasreddine qui, hors de lui, lui donna un coup de pied et la poussa hors de leur couche. Heureusement, la femme tomba sur un tapis moelleux et n'eut aucun mal, mais, ivre de courroux envers son mari qui lui faisait subir un tel traitement, elle décida de s'en séparer. Elle courut retourner donc chez ses parents, et leur fit part de ses doléances. Le matin, ils allèrent, tous ensemble, devant le cadi réclamer le divorce.

Le cadi, en homme juste qu'il était, voulut entendre les excuses de Nasreddine, aussi l'envoya-t-il quérir.

-- Est-il vrai, lui demanda-t-il lorsque ce dernier fut venu, que tu as jeté ta femme par terre, hors de ta couche ?

-- Oui cadi.

-- Et pourquoi ?

-- Ecoute voir ! s'exclama le hodja. Nous dormions sur notre couche, qui est étroite, où tiennent à peine deux personnes, quand ma femme a rêvé de son premier mari, elle lui parlait et il la caressait. Est-ce que je mens, femme ?

-- Je ne peux pas le nier, répondit-il en baissant les yeux de honte.

-- Il était donc évident que Habib était couché entre nous deux. Mais j'ai immédiatement pensé que le pauvre homme prenait tellement peu de place sur notre matelas, qu'il serait terriblement chagriné. Et ça je ne pouvais l'admettre, si voulais rester fidèle aux règles de l'hospitalité. C'est pour ça que j'ai poussé ma femme et l'ai envoyée se coucher ailleurs où elle pouvait bien, en définitive, en tant qu'hôte, passer une nuit en honneur à l'invité.

Je t'assure que j'ai été très triste de me trouver dans cette obligation, mais au moins ai-je soulagé ma conscience, et le bienheureux Habib a ainsi pu dormir à l'aise, pour une nuit, en ma pauvre demeure, qu'il avait la bonté d'honorer de sa visite.

30. Vengeance

Nassima (car tel était le nom de la femme du hodja – la première, qui lui en a fait voir tant et plus qu'à la toute fin il s'en est lassé et qu'il l'a abandonnée) était enragée que le cadi (dans l'histoire précédente) ait donné raison à son mari, et elle avait décidé de se venger.

Elle attendit donc le moment propice, qui se présenta une nuit, au cours de laquelle son mari lui fit une observation – justifiée comme toutes les observations du hodja. A dessein, elle lui répondit avec insolence, et la querelle s'alluma. Pendant cette querelle, elle donna un coup de pied à son époux, qui dégringola dans les escaliers.

Les voisins entendirent du bruit, et interrogèrent Nasreddine le lendemain sur ses causes.

-- Ô ! lâcha-t-il, désinvolte. Rien de bien grave. Nous nous sommes querellés hier soir avec Nasima, et, dans sa colère, elle a donné un coup de pied à mon caftan qui est tombé dans les escaliers.

-- Et un caftan fait donc autant de bruit chez toi ? demandèrent les voisins incrédules.

-- Ouf, mon brave, vous êtes de vraies tiques, ma parole ! N'avez-vous pas compris que j'étais dans le caftan ?

31. La punition du bœuf

Un jour, un bœuf entra dans le champ du hodja. Ce dernier prit une batte pour le frapper, mais dès que l'animal l'aperçut, il prit la poudre d'escampette.

Quelques jours plus tard, Nasr Eddin vit le bœuf passer, attelé à un chariot. Il se précipita sur la bête et se mit à lui assener des coups de batte.

-- Arrête-toi, hodja imbécile ! Es-tu devenu fou ? lui demanda le Wali.

Et Nasr Eddin de répondre :

-- Seigneur, je te prie de ne pas te mêler de mes affaires avec ce bœuf. Celui qui se fait battre sait très bien ce qu'il m'a fait !

32. Des bœufs anciens

Un jour, Nasr Eddin projeta d'agrandir son étable. Prenant sa pioche, il entreprit de démolir un mur, quand il se retrouva dans l'étable voisine, qui comprenait pas mal de bœufs. Fou de joie, il remonta les escaliers de sa maison pour annoncer à sa femme :

-- Femme, femme, mes compliments ! J'ai découvert une étable, pleine de bœufs demeurés vivants depuis les temps anciens.

33. De la farine sur la corde

Un jour, un voisin vint et demanda au hodja sa corde à linge. Nasr Eddin est entré à l'intérieur de sa maison, pour ressortir un instant plus tard.

-- Mon pauvre, je ne peux pas te la prêter, parce qu'on a étendu de la farine à sécher sur la corde.

-- Parce qu'on fait sécher de la farine sur la corde, hodja ? demanda l'homme surpris.

-- Et alors, tu ne comprends donc pas que je n'ai pas l'intention de te la donner ? fir le hodja.

34. La fontaine

Un jour, Nasreddine s'est placé derrière une fontaine pour pisser. Il y est resté un jour entier, parce qu'à entendre la fontaine couler, il était persuadé qu'il n'avait pas fini sa petite commission. Au soir du lendemain, sa femme en se rendant à la fontaine, le vit toujours à la même place.

-- Dis donc, mon mari, appela-t-elle, qu'est-ce que tu bades ? rentre à la maison !

-- Laisse-moi, ô femme, bon sang de bonsoir ! Je n'ai toujours pas fini de pisser, comment veux-tu que je rentre ?

35. L'ail

Nasreddine plantait de l'ail dans son jardin. Un de ses amis qui passait par là, le vit, à chaque gousse qu'il enfonçait en terre, cracher d'abord dessus et murmurer quelque chose entre ses dents. Surpris, il demanda :

-- Pourquoi tu craches sur tes gousses, hodja ?

-- Ecoute bien ce que je vais te dire, et tu vas comprendre, répond-il. En leur crachant dessus, je leur dis : voilà tout ce que vous aurez comme arrosage, mettez-vous le bien en tête. N'attendez pas plus d'eau de ma part !

36. Resté dans les annales

On dit que Nasreddine vivait à l'époque à Hamad en Syrie lorsque sa femme vint à mourir. Comme ses amis le voyaient attristé et sombrer dans la dépression, ils décidèrent de le marier. Ils le lui annoncèrent, et il accepta ; on lui trouva rapidement une promise.

Les préparatifs achevés, tous les amis, les parents, les voisins, s'assemblèrent chez lui et ils festoyèrent, mangeant, buvant, au son des violons et des luths. Tout allait bien, joie et bonne humeur, jusqu'au moment où ils le conduisirent à la chambre de la jeune mariée, avant de partir en leur souhaitant une bonne et agréable nuit.

Là, juste devant la porte, soit par émotion semble-t-il, soit par trouille, ou encore d'avoir trop copieusement mangé et bu à s'en faire éclater la panse, le hodja lâcha un énorme et terrible pet.

Les invités, bien sûr, par délicatesse firent genre qu'ils n'avaient rien entendu, mais Nasreddine était rouge comme un coquelicot de honte ; il en conçut une telle gêne que, sous prétexte d'un besoin pressant, il sortit dans la cour, enfourcha la mule d'un compère, et s'enfuit hors de la ville.

Au bout d'un voyage de plusieurs jours, il parvint dans une autre ville, lointaine, où il s'installa. Il y demeura de nombreuses années, faisant office d'instituteur et de sacristain à la mosquée, jusqu'à ce que lui vienne l'envie subite de rentrer chez lui.

Il monta donc sur le dos de la mule et partit mais, arrivé en vue de Hamad, il se dit :

-- Peut-être se souviennent-ils encore. Pour cette raison, n'y allons pas directement, mais écoutons d'abord ce que racontent les gens. Dieu fasse, hodja, qu'ils aient oublié.

Pendant sept jours et sept nuits, il erra incognito dans les rues, sans autre préoccupation que d'épier les conversations. Il advint que, la septième nuit, alors qu'il était devant la porte d'une cabane, il entendit la voix d'une fille dire, à l'intérieur :

-- Mère, dis-moi le jour où je suis née, parce qu'une gitane m'a promis aujourd'hui de me lire les cartes pour voir si j'ai de la chance.

Et la mère de répondre :
-- Ma fille, tu es née le soir où le hodja a pété.

En attendant cela, Nasreddine se mit en route, se disant en son for intérieur :

-- Ô bon sang ! ils ont fait de mon pet un proverbe ! Fuyons d'ici, cet endroit n'est pas pour nous.

Et nul ne le revit plus jamais à Hamad.

37. Le hodja donne à souper

Un soir où Nasreddine rentrait chez lui, il rencontra en chemin cinq-six de ses élèves. Il leur souhaita le bonsoir puis leur dit :

-- Venez ce soir, je vous invite à souper. A la fortune du pot, les enfants !

Les élèves acceptèrent avec moult merci l'invitation, et suivirent le hodja jusque chez lui. En arrivant, Nasreddine entra dans le harem et dit à sa femme :

-- Femme, j'ai des invités ce soir à la maison. Donne-nous un pot de soupe.

-- M'as-tu donné de quoi cuisiner, que tu me demandes un pot de soupe ? répondit-elle

-- Du moins, donne-moi la soupière, et je m'en débrouille.

Et prenant la soupière, il retourna dans sa chambre, où l'attendaient ses invités. Il la posa devant eux, avec ces mots :

-- Voilà, messieurs, mangez et régalez-vous, pour une fois que vous venez en mon humble demeure.

Les élèves s'entre-regardèrent, interloqués.

-- Je comprends votre surprise, fit-il alors, mais mes excuses. Si j'avais du beurre et du riz, que je perde la vue si je ne vous avais pas apporté la soupière pleine de soupe. D'ailleurs, je vous avais prévenus : à la fortune du pot ! Et on a trouvé le pot !

38. Le gouvernement du foyer

Nasr Eddin s'en alla au marché, pour vendre son âne, et le remit à un crieur public. Celui-ci grimpa sur une chaise, et vanta les mérites de l'âne, disant qu'il était encore jeune, paisible, solide, rapide, coûtant peu, pas comme ces ânes effrontés qui prennent la tangente ou coûtent un bras, etc, etc.

Tous ces éloges et louanges attirèrent de nombreux acheteurs qui commencèrent à se chamailler à qui l'aurait, et augmentèrent chacun son offre.

Voyant et entendant la scène, le hodja crut véritablement que l'animal avait toutes ces qualités, et ne voulant pas qu'il tombe dans des mains étrangères, il surenchérit, jusqu'à ce que l'animal soit « adjugé à son nom ».

Arborant un air joyeux et triomphant, comme s'il avait fait une affaire au-delà de toute espérance, il rentra chez lui pour raconter à sa femme sa bonne aubaine.

Laquelle femme avait accompli un exploit ce jour-là, qu'elle ne pouvait s'empêcher de rapporter à son mari, avec fierté et triomphe. Elle avait trompé un pâtissier ambulant, lui prenant pour quatre groschen de la pâte de coings valant le triple, et comment ? – en mettant sur le plateau de la balance où étaient les poids, en cachette du vendeur, ses bracelets en or qu'elle ne lui a pas demandé évidemment à récupérer, de crainte qu'il ne découvre la supercherie.

Entendant ça, Nasr Eddin s'exclama :

-- Bravo, femme ! Moi à l'extérieur et toi à l'intérieur, nous gouvernons notre ménage à merveille !

39. Le rafraichissement

Un riche commerçant invita Nasreddine à manger. Après le repas, ils se sont rendus dans la salle de réception, où les esclaves, parce qu'il faisait chaud ce jour-là, leur apportèrent une grande coupe de sherbet. Mais au maître de maison ils donnèrent une grande cuiller, tandis que le hodja recevait une cuillère à café.

Le maître des lieux enfonçait sa cuiller dans la coupe et avalait de grandes quantités ; et à chaque cuillérée enfournée, il poussait un profond et sensuel : aaaaaaah !

Le hodja, avec sa petite cuillère, n'arrivait à puiser suffisamment pour réjouir son cœur : tout juste s'il humectait un peu sa langue. Voyant donc qu'il ne tirerait aucun plaisir de ce rafraichissement, il se tourna vers son hôte et lui dit :

-- Effendi, donne-moi un instant je te prie ta cuiller je puisse faire, moi aussi, un peu aaaah !

40. La nouvelle lune

Une fois, Nasreddine se rendant dans une ville, vit du monde massé pour saluer la nouvelle lune, parce que son apparition annonçait aux fidèles le début du Ramadan. Il s'arrêta et leur dit :

-- Eh bé ! qu'avez-vous à bader ainsi ? Dans mon village, les gens voient la lune grande comme une meule de moulin, et personne ne l'admire, et vous, vous êtes là à vous ébaubir face à une si petite lune ? Allez vaquer à vos occupations, malheureux !

41. La complainte funèbre

Le mollah étant tombé gravement malade, il se vit près de passer. Il envoya donc chercher les pleureuses, et leur dit :

-- Quand je fermerai les yeux et que vous me conduirez au tombeau, pleurez et chantez cette complainte : « ah ! le pauvre hodja, que sa femme ne nourrissait pas à sa faim…

42. Des devoirs conjugaux

Le mollah et sa femme avaient convenu d'accomplir leur devoir conjugal chaque vendredi. Mais comme Nasreddine était tête-en-l'air, il demanda à sa femme de le lui rappeler, quand viendrait le jour, en mettant son turban sur le meuble qui était près de son lit.

Tout se déroulait bien pendant un bon bout de temps. Mais, une nuit, alors que ce n'était pas le vendredi, la femme prit le turban et le plaça sur le meuble. Le voyant à cet endroit, le mollah qui allait se coucher, eut un doute et dit :

-- Mais on n'est pas vendredi, femme !

-- On est vendredi, si, répondit-elle.

-- Puisque je te dis qu'on n'est pas !

-- Puisque je te dis qu'on l'est !

Le hodja se mit en colère et fit :

-- Alors, dorénavant, ou bien ou on ne tient pas compte du vendredi, ou bien de moi.

43. Deux souhaits contraires

Nasreddine avait deux filles mariées, qui vinrent un jour rendre visite à leur père. Quand il leur demanda comment ça allait avec leurs hommes, si leur travail marchait bien et s'ils prenaient soin d'elles, la première dont le mari était tuilier, répliqua :

-- S'il ne pleut pas, mon mari fabriquera de nombreuses tuiles, et m'achètera des niqabs brodés, et du linge fin en soie.

La seconde, dont le mari était paysan, dit à son tour :

-- Mon mari a beaucoup semé, cette année, et s'il pleut suffisamment, il m'achètera des bracelets , des colliers, et m'habillera comme une reine.

Et le hodja :

-- Que votre souhait à toutes deux se réalise, mais laquelle d'abord ? Personne ne sait.

44. Réponse adaptée

Le gouverneur de la province passait par le village de Nasreddine, et les villageois ont envoyé ce dernier pour le haranguer et lui présenter les respects de tous. La gouverneur, en voyant la mine de notre mollah, ainsi que sa présentation, et ==l'a pris pour un imbécile, et lui a lancé ironiquement :

-- Purée ! ils n'ont pas trouvé un homme à me déléguer, ils t'ont envoyé toi ?

-- Les hommes, effendi, lui répondit le hodja, on les envoie aux hommes, et moi on m'a envoyé au-devant de toi...

45. Le rêve

Une nuit, Nasredine s'est réveillé en sursaut pour découvrir qu'il s'était chié dessus pendant son sommeil. Cela l'a perturbé et mis dans un grand embarras, parce qu'il avait honte, et ne savait comment l'annoncer à sa femme. Pour finir, une idée lui vint, et la réveillant avec ménagement :

-- Ah ! femme ! Je viens de faire un rêve si atroce et terrible que j'en tremble encore.

-- Quel rêve as-tu fait, mon hodja ?

-- J'ai vu trois hauts minarets, empilés l'un sur l'autre, et au sommet du troisième, un œuf, sur l'œuf une aiguille, et sur l'aiguille une table, et sur la table, moi j'étais assis. J'étais en train de crier, me plaindre et me lamenter, parce la table oscillait à droite et à gauche, et qu'elle risquait à tout moment de basculer d'un côté et que je tombe ; et qu'en tombant de cette hauteur, sans aucun doute j'aurais explosé comme une grenade bien mûre.

-- Po po po ! mon mari ! s'exclama la femme toute frissonnante. Moi, si j'avais fait un rêve pareil, je me serais fait dessus.

-- C'est plus ou moins ce qui m'est arrivé, souffla le hodja. Maintenant lève-toi et essaye de rectifier la situation, que les voisins n'en aient pas vent...

46. Le poumon et le faucon

Un jour, hodja est allé au marché, et y a acheté du poumon. Alors qu'il rentrait tranquillement chez lui, un faucon s'est emparé du poumon et s'est envolé avec. Nasr Eddin en est resté bouche bée, et regardait perplexe le rapace qui s'élevait de plus en plus haut dans les airs.

Soudain, il arrache des mains à un passant les abats qu'il transportait, et grimpe sur une borne.

-- Bon sang, hodja ! que fais-tu ainsi ? lui crie l'homme.

-- J'essaie de voir si moi aussi je peux devenir faucon, répondit notre héros.

47. Le prix du passage

Alors que Nasreddine était tranquillement assis dans sa barque, sur la rive d'une rivière, vinrent huit derviches qui lui demandèrent de les faire traverser.

-- Que me donnerez-vous pour ma peine ? interrogea le hodja.

-- Deux groschen chacun. Ça ira ?

-- C'est bien.

Il les fit embarquer, pour se mettre à ramer. Cependant, au beau milieu de la rivière, la barque pencha sur un bord, et un des derviches qui ne s'était pas bien installé est tombé à l'eau, étant entraîné par le courant. Les autres derviches se mirent à crier et à enguirlander le rameur.

-- Oh con ! qu'avez-vous à hurler de la sorte ? Vous n'avez qu'à me payer pour un passager de moins.

48. Le prêt et le délai

Un ami demanda un jour à Hodja de lui prêter un peu d'argent et de lui accorder un petit délai pour le rembourser. Nasreddine lui répondit :

-- De l'argent, je n'en ai pas pour t'en prêter mais, puisque tu es mon ami, je t'accorde un délai à ta convenance.

49. Au cimetière

Un après-midi, comme il passait à côté du cimetière, Nasr Eddin décida d'entrer. Il s'est allongé sur un monument, proche de la route, a fermé les yeux, et a fait le mort, histoire de voir si les anges descendraient du ciel pour le juger.

Il entendit un bruit de sonnailles, et persuadé que descendaient vraiment les anges, il se précipita sur ses pieds. Mais, au même moment, passaient des muletiers avec leurs bêtes, et les pauvres bêtes, le voyant ainsi surgir comme un diable hors d'une boîte, prirent peur et s'égaillèrent dans le pré voisin. Les muletiers, très remontés contre le mollah, s'approchèrent de notre bonhomme pour le questionner :

-- Qui es-tu, toi, espèce de grand couillon ?

-- Je suis mort, répliqua le hodja, et je suis ressuscité pour m'amuser un peu.

-- Attends un peu voir comme on va s'amuser nous aussi, firent les muletiers, et ils lui tombèrent dessus à bras raccourcis et le battirent comme plâtre.

Quand il rentra, le soir venu, pitoyable et remuant avec peine les pieds, sa femme s'alarma :

-- Hodja, que t'est-il arrivé, qu'as-tu, où étais-tu donc pour me revenir dans un tel état ?

-- Laisse-moi, bon sang, femme ! rétorqua –t-il. Là ! J'étais mort et dans la tombe.

-- Mais que me chantes-tu là, sacré hodja ? fit admirative la femme. Et qu'y a-t-il dans l'autre monde ?

Réponse de l'intéressé :

-- Si tu n'apeures pas les mules et ne te moques pas des muletiers, il n'y a rien.

50. Les joyaux de la maison

Il était une fois… Nasr Eddin arrivait dans une grande cité, et apercevant ses beaux aqueducs, s'enquit :
-- Qu'est-ce que c'est que ça ?
-- Ce sont les joyaux de notre pays, lui répondit un habitant.
-- Chouettes, par Dieu ! s'exclama Hodja. En rentrant à la maison, j'y bâtirai aussi de tels joyaux.

51. Raisonnement

Une année, Nasr Eddin a vendu les concombres de son jardin au marché, et avec l'argent, il a acheté un âne. Cet âne, un jour, il le mena en forêt et le chargea de bois. Mais au retour, alors qu'ils traversaient une rivière, l'âne perdit pies et se noya. Le mollah ne fut ni perturbé ni choqué par cet accident. Au lieu de cela, il raisonna :

-- Il semble que les ânes qu'on achète avec l'argent des concombres subissent ce sort : ils se noient.

52. Pré-paiement

Hodja s'apprêtait à se rendre à la fête du village, et ses élèves le prièrent de leur rapporter une flûte en roseau – un d'eux lui remit même un para pour qu'il l'achète.

-- Oui, énonça le hodja, « celui qui a donné le para jouera de la flûte » (proverbe arabe).

53. Le deuil

Un jour, Nasr Eddin revêtit le deuil le plus strict pour descendre au marché. Ses amis le voyant, accoururent inquiets, et s'enquirent :

-- Longue vie à toi ! Qui est mort ?

Et le hodja de répondre :

-- Le père de mon fils est mort, et je garde le deuil.

54. Le climat de deux villes

Nasreddine voyageait en Syrie, d'Alep à Damas. Là, à peine arrivé, il se rendit à la grande mosquée, et se fit connaître des lettrés, qui l'hébergèrent. Le soir, en pleine discussion, il affirma :

-- Le climat d'Alep et celui de Damas sont semblables.

-- Comment le sais-tu ? Tu viens à peine d'arriver, se vit-il répondre.

-- Voilà ! Les mêmes étoiles du ciel d'Alep, on les retrouve à Damas, démontra-t-il.

55. Le veau volé

Un jour, alors qu'il revenait de son champ, Nasrudin trouva en chemin un veau errant. Il le prit, l'emmena chez lui, l'abattit, l'écorcha, et cacha sa dépouille.

Le soir, de sa fenêtre où il était assis, il vit le propriétaire du veau, en pleurs, aller de maison en maison demander si l'on avait vu son animal. Comme il approchait de la demeure du hodja, ce dernier appela sa femme et lui dit :

-- Femme, voilà l'homme au veau ! Vite, apporte-moi la dépouille que je lui teigne la figure avec la suie, pour qu'il ne la reconnaisse pas !

56. Le deuil des volailles

Le hodja attrapa ses volailles et attacha à la patte de chacune une ficelle noire. La véritable raison en était pour les reconnaitre, lorsqu'elles d'échappaient et qu'il était contraint de les chercher dans les cours des voisins ou dans les jardins ; mais, à quelques amis qui l'interrogèrent, il fit cette réponse :

-- Leur mère est morte, et elles portent le deuil !

57. Par la cheminée

Une nuit, la tentation poussa Nasr Eddin à grimper sur le toit du voisin et à s'introduire dans sa maison en descendant par la cheminée, pour voler... quoi ? –des oignons !

Tout se déroulait bien jusqu'au moment où, arrivé à l'embouchure de la cheminée, il mit le pied sur ce qu'il prenait à la lueur de la lune pour un contrefort de la cheminée, alors que c'était en fait l'ombre d'un poteau de la rue, et dégringola dans le conduit pour s'affaler, un pied démis, dans un état pitoyable. Le voisin, réveillé par le bruit, furieux, cria à sa femme :

-- Vite ! vite ! Allume la lampe qu'on attrape le voleur avant qu'il s'enfuie.

Et le hodja, depuis son coin de l'âtre :

-- Doucement, doucement, voisin ! Il n'y a pas urgence, parce qu'avec la chute que je viens de faire, je serai là aujourd'hui comme demain.

58. Juste châtiment

Un jour que la femme de Nasreddine avait du boulot jusqu'au cou, elle sollicita ce dernier pour garder un peu le bébé, jusqu'à ce qu'elle finisse. Le hodja prit l'enfançon dans ses bras, et alors qu'il l'agitait et le secouait, le bébé lui pissa dessus. En colère, le hodja le posa à terre puis se mit à lui pisser dessus à son tour. Le voyant, sa femme l'interpelle :

-- Ô bon sang, mon mari, es-tu devenu fou ? Que fais-tu donc ?

-- Il a de la chance d'être mon enfant, répliqua ce dernier. S'il avait été celui de quelqu'un d'autre, je lui aurais chié dessus.

59. La tête de l'âne

L'âne du mollah mourut, et le rusé compère, pour ne pas perdre complètement la valeur qu'il avait déboursée, imagina le stratagème suivant. Il acheta une certaine quantité de fil et, après avoir tranché la tête de l'âne, l'entoura du fil, de manière à en faire une gigantesque et lourde pelote, qu'il entreprit de vendre au marché.

Se présenta bientôt un acheteur, qui en discuta le un peu le prix. Alors qu'ils pesaient la pelote à la balance publique, l'acheteur, au vu du poids, s'étonna. Il demanda à Nasr Eddin :

-- Le fil semble bien lourd ; y a-t-il quelque chose dedans ?

Il répéta sa question deux ou trois fois, devant les gens qui attendaient, et chaque fois reçut la même réponse :

-- Oui ! bien sûr ! une tête d'âne. Et de rire.

A la fin, le client paya le prix du poids de fil, et Nasr Eddin rentra chez lui, ravi de sa bonne affaire, ayant réussi à ne pas trop perdre sur le prix de son âne avec cette entourloupe. Au bout de deux jours, l'acheteur voulant utiliser le fil, commença à dévider la pelote pour découvrir subitement l'énorme tête de l'âne ; il comprit aussitôt l'arnaque du hodja.

Sans perdre de temps, ni une ni deux, il alla devant le cadi porter plainte, et le hodja fut ainsi convoqué. Quand il fut arrivé et qu'on l'interrogea sur comment la chose s'était faite, le hodja impassible affirma avoir averti l'acheteur de la présence de la tête de l'âne dans la pelote, et qu'il avait même des témoins de cela, untel et untel qui étaient présents et avaient entendu. Les témoins furent convoqués à leur tour, qui confirmèrent les propos du hodja.

Par conséquent, le cadi donna raison au hodja, débouta l'acheteur, qui, dit l'histoire, fut envoyé couper du bois (balader)…

60. Les aulx

Une année, Nasr Eddin planta des aulx dans son jardin et, lorsqu'il les vit mûris, il en arracha un ou deux qu'il mangea, se disant : « que Dieu m'en donne autant l'an prochain ».

Le soir, il alla se coucher auprès de sa femme, laquelle ne pouvait supporter l'odeur de l'ail. Quand il s'approcha dans l'obscurité, plein de soins et de caresses, les effluves de l'ail sautèrent au nez de l'épouse, qui donna un coup de pied au hodja, le projetant hors du lit, et s'écrier en colère :

-- Pouf ! Tu as mangé cette saloperie d'ail ? Va-t-en, que je ne te revois pas. Et, par Dieu, je te le dis, si tu remanges de l'ail, j'irai voir le cadi lui demander le divorce, même si je dois perdre le mahr.

Impossible de s'imaginer le trouble dans l'esprit du hodja, suite à ces menaces. Il passa la nuit tout seul dans sa propre chambre, en proie à l'insomnie et à l'embarras, ne sachant que faire pour ne pas perdre ses deux amours – sa femme et les aulx.

Au matin, exténué par l'insomnie, il alla rendre visite à son ami le tailleur, qui avait un jardin à côté du sien, dans lequel il plantait également de l'ail, et qui en dévorait régulièrement, pour lui demander :

-- Que Dieu te dispense ses bienfaits, saurais-tu me dire comment on peut planter des aulx de telle façon que, quand on les mange, on n'ait pas une haleine de chacal ?

-- Simplissime ! lui répondit le tailleur. Avant de les planter, enlève la peau.

Le hodja suivit fidèlement le conseil de son ami mais, quand les aulx qu'il avait plantés sans peau arrivèrent à maturité et qu'il les mangea, sa bouche pua à nouveau. Il courut chez son ami lui signifier que sa recette avait échoué.

-- Tu as raison, mon sacré hodja, lui répondit avec sincère tristesse le tailleur. J'avais omis de te préciser que tu devais être tout nu au moment où tu les plantais.

Nasreddine suivit cette instruction mais les aulx le faisaient toujours autant puer du bec. Irrité alors, le hodja jeta au loin les aulx en déclarant :

-- Nom d'une pipe, vous ne changez pas de tête ! Je vous ai déshabillés, je me suis aussi dénudé comme un ver pour vous, mais vous êtes restez les mêmes ! Disparaissez de ma vue ! Que je sois cocu si je vous remets encore une fois dans ma bouche.

61. Le chameau

Nasr Eddin partit en excursion avec des amis, sur place, il loua un chameau :

-- Comme ça, je voyagerai confortablement, et ne m'abimerai pas les pieds en marchant, indiqua-t-il.

Mais en chemin, comme il ne savait pas conduire l'animal, il énerva le chameau, qui se mit à blatérer et grogner, avant de jeter à terre son passager, et enfin s'agenouiller sur lui. Le hodja poussa de grands cris d'épouvante. Les autres firent immédiatement demi-tour pour le libérer.

Peu après, revenu de ses émotions, il se vanta :

-- Ô mes frères, avez-vous vu comme ce maudit chameau m'a maltraité ? S'il vous plait, attrapez-là et amenez-là moi pour que je l'égorge en punition !

62. Pétrole

En revenant de la forêt avec son âne un peu trop chargé, ce dernier ne put plus faire un pas. Quelqu'un qui passait par là enduisit le derrière de l'âne avec du pétrole et, soudain, l'animal se mit à courir si vite que Nasr Eddin ne parvenait pas à le rattraper.

-- Ô con ! quelle chose merveilleuse, dit-il. Donne-m'en aussi un petit peu, je te prie.

L'homme lui donna, et le hodja s'en est oint. Mais aussitôt, il ressentit flamme et brûlure, à tel point qu'il se mit à courir à toutes jambes et, dépassant l'âne, arriva avant lui à la maison. Là, ne pouvant tenir en place, il parcourut de haut en bas la demeure, et en haut sur la terrasse, et en bas dans la cour, et dans les chambres, etc.

A un moment, il croisa sa femme, et il lui dit :

-- Si tu veux me rattraper, oins-toi, toi aussi avec un peu de pétrole !

63. Le gué

Un jour de grande lassitude, Nasr Eddin s'allongea sur la rive d'une grande rivière, et dit :

-- Maintenant, je meurs.

Mais le sommeil vint, et il dormit profondément, comme un bienheureux.

Vint à un passer un voyageur, qui le réveilla pour lui demander :

-- S'il te plait, peux-tu me dire où se trouve le gué de la rivière, si tu le sais ?

-- De mon vivant, répliqua le hodja, il était par là, mais maintenant, je ne sais plus.

64. Précautions contre le chat

Nasreddine raffolait des plats que préparait sa femme avec du foie, et il en achetait régulièrement, mais elle lui servait toujours d'autres plats, parce qu'elle adorait elle aussi le foie, et qu'elle le dévorait, n'ayant pas le cœur d'en laisser à son mari. Au point qu'un jour, le maître de maison, n'en pouvant plus, se fâcha et tonna :

-- Moi je rapporte toujours du foie du marché, et je n'en mange jamais ; comment ça se fait-il ?

-- Le chat le pique et l'emporte pour le manger en cachette !

Du coup, le mollah se lève, se saisit de la hache … et l'enferme dans une armoire.

-- Que fais-tu avec cette hache ? l'interroge sa femme.

-- Je la cache du chat.

-- Et que veux-tu que fasse le chat avec ta hache ? fit la femme en éclatant de rire.

-- S'il vole une chose qui vaut deux gros, tu crois qu'il va laisser passer l'occasion de piquer un objet qui vaut bien un bon thaler ?

65. La meilleure cachette

Nasreddine creusa un jour un trou dans son jardin pour y enfouir les économies qu'il avait amassées. Mais, réfléchissant :

-- Si j'étais voleur, je les aurais trouvées.

Il récupéra donc l'argent, et entreprit de le cacher à un autre endroit. Mais là encore, il fit le même raisonnement. Plongé dans un embarras profond, ne sachant se décider pour la cachette la plus sûre, il aperçut soudain la colline qui s'élevait en face de chez lui.

-- Ah ! j'ai trouvé !

Il descend donc au jardin, ni une ni deux, coupe une branche, met son argent dans un grand mouchoir qu'il noue aux quatre coins en guise de balluchon, qu'il suspend au bout de sa branche, grimpe la colline, et y plante sa branche au sommet. Puis il redescend, et tout fier de sa trouvaille :

-- Vrai, j'ai trouvé l'endroit le plus sûr pour mon argent. Parce qui peut l'atteindre là où il se trouve maintenant ? Personne n'est oiseau pour aller si haut !

Il se trouvait, cependant, un rusé compère qui, bien dissimulé, épiait tous les faits et gestes du mollah. Lorsque ce dernier fut rentré au foyer, il sortit de sa cachette, escalada la colline, prit le balluchon et partit, non sans avoir enduit préalablement la branche de bouse de vache. Quelque temps plus tard, ayant besoin de récupérer des fonds, le hodja remonta au haut de la colline, pour découvrir, avec grande stupeur, que le balluchon avec son argent s'était envolé, et qu'en lieu et place, il ne trouva que des bouses. Il demeura un bon moment muet de surprise, puis il réfléchit à haute voix :

-- Et moi qui disais que personne ne pourrait monter si haut ! Vois, pourtant une vache y est arrivée et a bousé. Purée, quelle déveine !

66. La solution la plus juste

Un chien vint poser sa crotte, un jour, en plein milieu de la rue, juste entre deux portes de maison qui se faisaient face. Le propriétaire d'une des deux maisons interpela son voisin d'en face :

-- Je te prie de nettoyer la rue de ces souillures. Le chien les a faites de ton côté, c'est donc à toi de t'y coller.

-- Non môssieu, elles sont de ton côté de la rue, c'est donc à toi de le faire.

-- Non, effendi, c'est toi qui dois nettoyer.

-- Non pacha, c'est à toi... Petit à petit, la querelle a enflé, et est arrivée à être jugée au tribunal. Or il se trouve que, ce jour-là justement, notre hodja était au tribunal pour voir le cadi ; ce dernier, à l'exposé des faits, se tourna vers lui et lui demanda :

-- Nasreddine, résous donc le différend qui oppose ces gens !

Nasreddine accepta et, se tournant vers l'un des plaideurs, l'interrogea :

-- La rue où le chien a fait ses crottes, est-elle publique ?

-- Oui, répondit l'interpelé.

-- Dans ce cas, reprit le mollah, ce n'est ni à toi ni à ton voisin et adversaire de nettoyer, mais au cadi ! C'est la solution la plus juste !

67. Récompense

Un jour que Nasr Eddin avait perdu son âne, il dépêcha le crieur public par les rues :

-- Quiconque retrouvera l'âne, aura comme récompense non seulement l'animal, mais aussi son licou et son bât.

68. Les pastèques

Un jour où le hodja est allé dans la montagne couper des genêts, il prit avec lui deux pastèques. En route, il eut soif, et comme il n'y avait aucune source ni près ni loin, il s'arrêta pour entamer une pastèque, se désaltérer avec sa chair et son jus frais. Mais comme il trouva la première pastèque insipide, il la jeta, pour entamer la seconde, qui était bonne et croquante sous la dent, et il la dévora avec délices. Puis, s'étant rafraichi les boyaux, il se leva et pissa sur la pastèque jetée par terre, avant de reprendre son occupation.

Il parcourut la montagne, coupa les genêts, les chargea sur son âne et reprit le chemin du retour. Il arriva bientôt à l'endroit où il avait mangé sa pastèque, et le diable lui provoqua une soif inextinguible, au point qu'il ne sut plus que faire. Il considéra les morceaux de pastèque, éparpillés sur le bord de la route et murmura :

-- Voyons voir ! Peut-être y a-t-il bien un morceau sur lequel je n'ai pas pissé.

Il se penche, ramasse un morceau, l'examine et dit :

-- Voilà, celui-là est sec. Ma pisse ne l'a donc pas souillé !

Et il le mange. Il en prend ensuite un autre :

-- Celui-là aussi est intact !

Et il le mange comme le premier. De fil en aiguille, il mangea toute sa pastèque.

69. Le voleur

Le hodja dormait du sommeil du juste, lorsqu' il entendit un bruit un léger bruit dans la cour. Il ouvre les yeux, tend l'oreille et s'aperçoit que quelqu'un à l'extérieur cherchait à s'introduire chez lui.

-- Sais-tu, femme ; la nuit dernière, en rentrant de la veillée chez mon ami Untel, j'ai remarqué que je n'avais pas la clé de la porte sur moi. Pour ne pas te réveiller, donc, je suis monté sur la terrasse avec la lune, j'ai fait dans ma tête une prière (le hodja lui dit les paroles de la prière) et je suis descendu par la lucarne sans encombre.

Le voleur entendit ces paroles, et peu après, quand il a estimé que toute la maisonnée était endormie, il est monté par l'arrière de la maison, par la terrasse, pour appliquer la méthode du hodja. Effectivement, il trouva la lucarne ouverte, par lequel glissaient sereinement les rayons de la lune. Il s'approcha de la lucarne, prononcer la prière du hodja, puis sauta à l'intérieur. Il déboucha dans un petit grenier, et de là, sur un petit escalier et pour finir dans une chambre obscure, qui n'était autre que celle où reposaient le hodja et sa femme. Mais Nasreddine ne dormait pas. Bien au contraire, il avait les yeux exorbités comme celles de la crevette et, dès que le voleur fut à sa portée, tâtonnant dans le noir, il l'a agrippé par le gilet et appela sa femme :

-- Femme, vite, lève-toi et allume la lampe ! Je l'ai attrapé, cette canaille !

Alors le voleur, comprenant à l'instant qu'il était tombé dans le piège du mollah, dit :

-- Calme, hodja ! n'aie crainte ! Tant que tu as cette prière et moi cette tête, tu me garderas ici jusqu'au matin.

70. Pour faciliter l'accouchement

La femme du mollah était prête à accoucher. Quand survinrent les crampes et les douleurs, elle est resté cinq jours durant sur un tabouret, mais l'enfant ne venait pas, et elle souffrait énormément. Inquiètes, les femmes accourues pour l'aider à mettre au monde vinrent vers le hodja et lui dirent :

-- Effendi, ne connaitrais-tu pas quelque prière à prononcer pour l'aider à enfanter ?

Nasr Eddine médita quelques moments ; une lueur s'alluma dans ses yeux tandis que lui venait une idée lumineuse, et il leur intima :

-- Taisez-vous ! J'ai trouvé !

Et immédiatement, il sortit et trouva dans la rue un marchand de de fruits secs, auquel il acheta pour deux paras de pois chiches grillés ; il rentra, remonta dans la chambre où se déroulait l'accouchement, ordonna aux femmes de se ranger, jeta les pois chiches sur le tabouret d'enfantement, et déclara avec conviction :

-- Maintenant, l'enfant va voir les pois chiches et sortira ! Silence !

71. Le caftan du cadi

Un jour, le cadi était fin soûl en se rendant à sa vigne, et là, ne pouvant se tenir sur ses jambes tellement il avait ingurgité de vin, il tomba et s'étala comme un porc dans le fossé qui bordait sa vigne, et sombra dans un sommeil profond. Par un concours de circonstances, le même jour, Nasr Eddine était sorti avec son élève, faire une promenade à la campagne. En passant par l'endroit, il vit le cadi allongé dans le fossé, la conscience évanouie dans l'ivresse.

-- Celui-là, je ne le plains pas qui se roule dans la fange, s'adressa-t-il en ces termes à son élève. Il se trouve maintenant dans son véritable élément ! Mais je plains ce caftan, qui se salit avec lui dans la boue ! Dommage, un si beau caftan ! Ramasse-le pour voir.

L'élève se pencha, ramassa le caftan, pour le remettre au mollah qui le jeta immédiatement sur ses épaules, puis ils quittèrent les lieux.

Sur le soir, le cadi s'éveilla et, voyant que lui manquait son caftan, il envoya les greffiers le chercher partout.

Les greffiers croisèrent dans une rue Nasr Eddine qui portait toujours le caftan du cadi. Ils se saisirent de lui et le menèrent au tribunal, où le cadi demanda :

-- Eh ! Hodja ! Où as-tu trouvé ce caftan ?

-- Mon cadi, répondit l'accusé, j'étais sorti me promener avec mon élève, et sur notre chemin, on a vu un ivrogne, pour dormait comme porc en bauge dans un fossé, et avec le derrière à l'air. Mon élève s'est penché pour le couvrir, et moi j'ai pris le caftan pour couvrir mon visage tant j'avais honte. Si c'est le tien, prends-le.

Vous vous imaginez, bien sûr, la réponse du juge.

-- Que nenni ! Va-t'en d'ici avec ce caftan ! Ce n'est pas le mien ! dit-il avec dignité, et il s'est rapidement éclipsé par la porte de derrière.

72. Le roi mouillé

Une fois, les villageois déléguèrent Nas Eddine au Vice-Roi du pays. Le Vice-roi l'accueillit avec ménagements, et le pria de séjourner quelques jours en son palais. Et pour lui prouver son plaisir, il organisa une chasse où il l'invita à prendre part, premier parmi les premiers. Mais, comme on lui avait rapporté que le personnage était facétieux, il ordonna exprès qu'on lui donne un cheval qui ne se promenait pas beaucoup, pour voir ce qu'il ferait.

Il advint donc qu'en route, il se mit à pleuvoir, et chacun s'empressa de trouver un arbre ou un autre abri pour ne pas être mouillé tandis que le cheval paresseux du mollah avançait comme un escargot. Le mollah ne s'en inquiéta pas, mais avec son impassibilité habituelle, il ôta ses vêtements, en fit un ballot qu'il abrita de son corps et, lorsque la pluie cessa, il les sortit secs, les enfila, et se rendit là où était le Vice-Roi avec sa suite.

-- Comment ? Tu n'es pas trempé ? fit ce dernier, surpris.*Ah ! répliqua le hodja. Mon cheval filait comme l'éclair, et comme tu peux le constater, les gouttes n'ont pas eu le temps de me toucher.

Le Vice-Roi fut fort étonné d'entendre que ce cheval avait tant d'avantages, alors que jusqu'à présent on le considérait comme le pire canasson de l'écurie. Ainsi, quand, deux jours plus tard ils repartirent à la chasse, il l'enfourcha lui-même, confiant au hodja un autre cheval. Par hasard, il se mit à pleuvoir à nouveau ce jour-là, et tout le monde fuyait à toutes jambes tandis que le Vice-Roi ne pouvait faire un pas sur sa carne, et il se retrouva trempé comme une soupe.

Quand il recroisa Nasr Eddine, il lui dit, en un mélange de colère et de plainte :

-- Ça t'a convenu ce que tu m'as fait subir, après tous les soins et les égards que tu as reçus de ma part, de me ridiculiser et de faire que je sois trempé ?

-- Mon Roi, répondit le Hodja. Pourquoi te mets-tu en colère ? N'as-tu pas eu la moindre idée, comme moi, d'enlever tes vêtements, pour les garder au sec et les remettre quand la pluie a cessé ?

73. Le tyran

Il fut une période où, dans la région où résidait le hodja, fut nommé un gouverneur qui, au motif qu'il avait surpris un jour sa femme belle comme le jour dans les bras d'un ignoble noir, fit serment et habitude que, partout où il se rendrait, on trancherait la tête de chaque homme qui se présenterait à lu, après qu'il lui ait auparavant posé quelques questions en secret. Aussi, les gens le nommèrent tyran, et tremblait jusqu'au prononcé de son nom.

C'est alors que les habitants du village du hodja, reconnaissant son intelligence exceptionnelle ainsi que toutes ses vertus, fondèrent sur lui leurs espoirs, qu'il les délivrerait du mal. Très flatté de cette confiance que ces concitoyens montraient en son adresse, il accepta d'aller auprès du tyran pour le convaincre de cesser de tuer sans raison les gens. Ainsi, lorsqu'il se présenta devant lui, il lui dit avec courage :

Mon Pacha ! Quel plaisir trouves-tu à tuer des gens qui ne t'ont rien fait, les malheureux ? Ne crains-tu pas Dieu ?

-- Tu ne vas pas tarder à comprendre, répliqua le tyran. Approche !

Nasr Eddine s'approcha, et le Pacha se pencha à son oreille :

-- Dis-moi ; est-tu marié ou célibataire ?

-- Délicieuse question, en vérité ! A mon âge, se peut-il que sois célibataire ? Bien sûr que je suis marié.

-- Eh bien alors, justement c'est ceux-là que je cherche et c'est ceux-là que je tue, parce que ces gens-là ne doivent pas vivre.

En entendant ces mots, il eut les foies, et la chair de poule sur tout le corps, d'autant plus qu'il voyait le gouverneur esquisser un signe au bourreau. Il réussit cependant à recouvre son sang-froid :

-- Pacha ! Attends ! Questionne-moi d'abord pour savoir si j'ai abandonné ma femme ou si je l'ai, ou si je l'ai abandonnée et l'ai reprise, ou si elle est morte et que je me suis remarié. Mais, même si je l'ai fait, toi tu es un homme bon, pardonne-moi ! Je jure de ne jamais le refaire !

Le tyran rit de bon cœur à ces paroles, et il cessa de tuer les hommes parce qu'ils étaient mariés.

74. Le parent

Nasr Eddine reçut un jour la visite d'un étranger, qui commença à se plaindre et à dire :

-- Est-il possible que tu ne me connaisses pas ? Et que tu ne te souviennes pas des liens ui nous unissent ?

Le mollah, surpris – Je ne comprends rien à ce que tu me racontes, mon pauvre !

Et l'autre d'affirmer :

-- La conduite de la femme dans ce cas révèle clairement que, aussi longtemps qu'ait vécu un couple, si le danger survient, elle consentira à la mort du mari pour se sauver elle. Ainsi, tu ne dois pas te fier à ce sexe. De là est issue le proverbe : « comme tu ne peux pas te tenir sur l'eau, de même ne te fie jamais à une femme » »

Quand ta mère était fille, mon père l'aimait et il avait grand désir d'en faire sa femme. Donc, s'il l'avait épousée, ne serions-nous pas, aujourd'hui, frères ?

-- Ô con ! tu as bien raison, cria le hodja.

Puis, après quelque réflexion :

-- Cela veut donc dire, avec cette parenté, que je deviens ton héritier et toi le mien.

75. La mastikha

Il est midi. Nasr Eddine mâchait sa mastikha, quand sa femme l'a appelé à table. Il a sorti sa pâte à mâcher de la bouche, l'a collée sur le bout de son nez, et a commencé à manger. Son plus jeune fils l'a vu et a éclaté de rire.

-- Pourquoi tu rigoles, imbécile ?

- A cause de ce que tu fais, se défend le fils.

-- Ca te semble, bizarre, mon petit gars ? Eh bien ! Apprends que l'homme doit toujours voir les choses en face.

76. Les ablutions

Un jour qu'il était dans son champ, Nasr Eddine procéda à ses ablutions dans un torrent, quand soudain le courant emporta une de ses babouches, qu'il avait posées sur la rive. Déconcerté pendant un moment, il se leva, se tourna les fesses vers la rivière, lâcha un pet et dit :

-- Merde alors, toi et ton obligation ! Reprends tes ablutions et rends-moi ma babouche.

77. Les ablutions incomplètes

Un autre jour, pendant que le hodja faisait ses ablutions dans une rigole d'irrigation, l'eau s'est soudain tarie, et il ne put pas finir. Il commença donc à prier, un pied en l'air, restant sur un pied, comme un pélican.

-- Que fais-tu ainsi ? l'interpela un passant.

- Ce pied, répondit-il, n'a pas fait ses ablutions.

78. Le testament

Nasr Eddin dit au cadi qui lui rédigeait son testament de noter que sa volonté était, lorsqu'il serait mort, qu'on l'enterre dans un vieux tombeau démoli. A la question « pourquoi ? » il précisa :
-- Pour pouvoir affirmer aux anges qui vont venir me juger : « Mais moi, vous m'avez déjà jugé ! Vous ne voyez pas mon tombeau démoli et ouvert ? ».

79. Le hodja mendiant

En voyage vers une ville lointaine, Nasreddine tomba entre les mains d voleurs qui lui prirent tout ce qu'il avait et n'avait pas, et l'ont abandonné presque nu dans le désert. A leur départ, le hodja continua sa route à pied, et après maintes difficultés et souffrances, il arriva dans une cité, où, en raison d'une faim immense et d'une fatigue intense, il frappa à la première porte qu'il trouva, pour demander un morceau de pain pour apaiser sa faim et petit peu de place pour se reposer.
Le propriétaire de la maison descendit lui ouvrir. Voyant à son allure que c'était un mendiant, il fit semblant d'être esclave et lui jeta, avant même qu'il ait eu le temps d'ouvrir la bouche :
-- Mon maître n'est pas là, à cette heure !
-- Mon ami, lui dit doucement le mollah, je demande simplement une bouchée de pain ; ton maître, que veux-tu que j'en fasse ?

80. Baïram tous les jours

Une fois, le hodja, en voyage, entra dans une ville où il vit les gens agglutinés dans les jardins, devant de grandes tables chargées de victuailles et de plats délicieux, à manger, boire, et s'amuser. Ils le hélèrent, et l'invitèrent à s'installer et partager le festin. Quand il eut fini de manger son content, il s'émerveilla :

-- Bon sang ! quel pays béni des dieux est-ici, où le manger est gratuit ?

Un de ses convives, qui avait entendu, lui fit cette réponse :

-- Bougre d'andouille, aujourd'hui, c'est Baïram ; chacun de nous a apporté quelque chose depuis chez lui, et on a mis en commun et partagé, pour fêter tous ensemble, en l'honneur d'une bonne année.

Et hodja, levant les yeux au ciel :

-- Mon dieu ! fais que chaque jour ce soit Baïram, tant que je suis ici !

81. La tortue

Un jour que le hodja était en train de labourer son champ, il trouva une tortue. Il l'attrape, l'attache avec une ficelle, la suspend à sa ceinture, puis s'adresse à elle :

-- Regarde, maintenant, et apprends comment on laboure les champs ; si jamais mon bœuf meure un jour, je t'utiliserai.

Comme la tortue se débattait et s'agitait, il rajouta :

-- Hé ! Du calme ! A t'agiter ainsi, tu n'apprendras jamais. Regarde le bœuf comme il est tranquille !

82. L'habitude

Un ami demanda un jour au hodja :
-- Comment ça se passe, avec le malheur ?
-- Très bien, Dieu soit loué !
-- Mais comment est-il possible que quelqu'un soit malheureux et se sente très bien ? se moqua son ami.
- Eh mon frère ! je m'y suis habitué à force, c'est pour ça que ça se passe bien avec lui.

83. La corneille et le savon

Alors que la femme de Nasrudin était en train de laver des sous-vêtements à la rivière, une corneille déboucha d'un buisson, s'approcha d'elle, lui arracha le savon des mains et s'envola. La pauvre femme donna de la voix et appela son mari :

-- Hodja ! hodja ! viens vite ! la corneille m'a volé mon savon !

Et Nasrudin, sans bouger de sa place :

-- Pourquoi cries-tu autant, femme ? Qui sait combien de linge sale elle a elle aussi à laver, comme nous. Laisse-lui en laver un peu, la malheureuse !

84. La consignation

A un certain moment, Nasrudin confia à un mawlānā une somme à garder pour lui. Au bout de quelque temps, il voulut recouvrer son argent. Il trouva son ami assis devant le seuil de sa porte, assis dans sa chaire d'enseignant, avec de nombreux étudiants des textes coraniques autour de lui. Il le harangua :

-- Maulānā, pourrais-tu me rendre la somme que tu as consignée pour moi ?

-- Avec joie, répondit le maître. Mais aie la bonté d'attendre un peu, jusqu'à ce que je termine ma leçon.

Le mollah prit une chaise et s'assit mais, au fur et à mesure de l'interprétation du coran, il remarqua que le mawlānā bougeait souvent (en fait, chaque fois qu'il énonçait les versets sacrés) son corps d'avant en arrière et, pensant que c'était là toute la technique de la leçon, il se leva et lui dit :

-- Maulānā, comme je suis pressé, lève-toi un instant je te prie, et en ton absence, je me balancerai à ta place.

85. Dans la jarre

Un jour, le hodja descendit au cellier et s'endormit dans une grande jarre. Après un bon nombre d'heures, sa fille descendit à son tour pour chercher quelque chose, et s'étonna de le voir couché dans la jarre.

-- Père, appela-t-elle, c'est là que tu as décidé de dormir ?

- Eh ! ma fille, répondit le hodja en sortant la tête de la jarre, avec ce que me fait subir ta mère, que veux-tu que je fasse ?

86. L'héritage

Une année, ce fut grande pauvreté pour notre hodja, et il avait grand mal à joindre les deux bouts. Et c'était un grand chagrin. Dans cette déchéance, il trouva un jour un florin d'or dans la rue. Il rentra vite à la maison, creusa un trou dans un coin et y enfouit le florin qu'il avait trouvé. Puis il s'allongea dans son lit et appela sa femme. Quand elle arriva, il lui dit :

-- Femme, moi, ça y est, je meurs ! Pardonne-moi, et Dieu, pardonne-moi aussi ! Mais je voudrais te laisser une commande. Écoute ! Quand tu me verras fermer les yeux, tu creuseras dans le coin ; là-bas, tu découvriras un trésor. Avec ce trésor, tu règleras les frais de mon enterrement ; tu me feras un beau tombeau, et tu mettras dix pleureuses à se lamenter sur ma tombe pendant quarante jours ; puis tu donneras l'aumône à cent pauvres pour mon âme ; et ce qui reste, garde le pour toi, en héritage de moi, pour vivre dans l'aisance et que tu ne sois pas dans le besoin pendant tes années de veuvage, pauvre femme !...

87. Une petite pièce

Tandis que Nasreddine cueillait des dattes en haut d'un palmier, un mendiant l'appela d'en bas :

-- Eh ! Nasreddine ! Tu peux descendre ? J'ai quelque chose à te demander !

-- Vas y ! répondit Nasreddine. Je t'écoute !

-- Non ! C'est très personnel !

Nasreddine fut obligé de descendre en espérant que ce n'était pas pour rien.

-- Bon, que veux-tu me dire de si personnel qu'il faille que je descende un palmier que j'ai eu du mal à gravir tout à l'heure ?

-- Ben, répondit en chuchotant le mendiant, aurais-tu une petite pièce ?

Nasreddine le regarda avec stupéfaction, puis après un temps de silence lui dit :

-- Oh ! Vois-tu, mon porte-monnaie est en haut avec mon sac ! Viens avec moi ! Je ne veux pas redescendre une fois de plus ! Je vais t'en donner une !

Content d'avoir obtenu ce qu'il voulait, le mendiant, malgré l'effort qu'il allait devoir fournir pour grimper en haut du palmier, suivit Nasreddine. Arrivé en haut, Nasreddine fouilla dans les branchages puis se retournant vers le mendiant lui dit :

-- Oh ! Mon pauvre ! Je suis vraiment désolé, je n'avais pas pris mon porte-monnaie avec moi !

88. Chasse au trésor

Nasreddine était en train de creuser des trous dans son terrain en plein soleil. Un voisin qui passait par là s'étonna.

-- Eh ! Nasreddine ! Tu cherches de l'eau ? lui demanda-t-il.

Mais Nasreddine était absorbé par sa tâche laborieuse.

-- Il n'est pas là non plus ! Ce n'est pas possible, se dit-il à voix haute.

-- Tu as une drôle de façon de creuser un puits, mon cher ! insista le voisin.

-- Je ne cherche pas à creuser un puits, répondit-il ! Je cherche un trésor que j'ai caché l'année dernière mais je ne me rappelle plus où !

-- Mais pourquoi ne l'as-tu pas caché au pied d'un de tes arbres ou d'un rocher ?

-- La plupart des gens ont l'habitude de faire comme cela ! Les voleurs le savent ! Moi, j'ai choisi un autre repère ! ironisa Nasreddine

-- Ah oui ? Lequel ? demanda le voisin étonné.

-- L'ombre d'un nuage !

89. Le fabricant de voleurs

Nasreddine se rendit à la mosquée. Il déposa à l'entrée ses chaussures comme il est d'usage et entra pour aller prier. A la sortie, il ne trouva plus ses chaussures. Visiblement, quelqu'un les lui avait dérobées.

-- Seigneur Tout Puissant ! Quelle folie de ma part d'avoir laissé mes chaussures d'une grande valeur à l'entrée de cette mosquée ! s'écria-t-il. Pardonnez-moi ! Par ma faute j'ai donné l'occasion à un pauvre homme de devenir un voleur !

90. Blancs et noirs

Tandis que Nasreddine gardait ses moutons dans un champ, un étranger de passage l'interpella :

-- Eh ! L'ami, vous avez un troupeau magnifique ! Pouvez-vous me dire quelle quantité de fourrage il leur faut quotidiennement pour apaiser leur faim ?

-- Voyons ! Ça dépend ! Les blancs ou les noirs ? Pour les blancs, en tout cas, trois ou quatre livres d'herbes, répondit Nasreddine !

-- Et les noirs, alors ?

-- La même quantité, oui, que les blancs !

-- Et en ce qui concerne la laine, combien de kilos produisent-ils chaque année ? continua l'étranger.

-- Eh bien, ça dépend ! Les blancs ou les noirs ? En ce qui concerne les blancs, cent kilos !

-- Et combien pour les noirs, insista l'étranger ?

-- La même quantité, oui, que les blancs ! affirma Nasreddine.

-- Mais, dites-moi, pourquoi séparez-vous vos moutons blancs de vos moutons noirs pour me répondre puisqu'ils ont les mêmes caractéristiques ? interrogea l'étranger.

-- Eh bien, c'est évident ! Les blancs sont les miens !

-- Ah, je vois ! Et qui est le propriétaire des noirs ? demanda l'étranger.

-- Ils sont à moi aussi, répondit Nasreddine !

91. Le prix de l'argent

Un jour, Nasreddine, qui mendiait à la sortie de la mosquée, interpella un riche marchand :

-- Dis-moi, noble seigneur, pourrais-tu me donner de quoi acheter un éléphant ?

-- Cher Nasreddine, je voudrais bien, mais si je fais ça, tu perdras très vite ton éléphant car tu n'auras pas les moyens de le nourrir, lui répondit-il.

Vexé et voulant toujours avoir le dernier mot, Nasreddine lui répondit :

-- Je t'ai demandé de l'argent, pas un conseil !

92. Le pari

A la maison de thé, un farceur défie Nasrudin :

-- On dit que tu as plus d'un tour dans ton sac. Eh bien, moi, je te parie cent pièces d'or que tu n'arriveras pas à me berner !

Nasrudin accepte de parier avec lui.

-- Attends-moi, je reviens, dit-il en se dirigeant vers la porte.

Trois heures plus tard, le farceur est toujours là à attendre Nasrudin et son "tour". Il finit par reconnaître qu'il s'est fait avoir. Il se rend donc chez le mollah avec un sac contenant cent pièces d'or, passe le bras par la fenêtre entrouverte, laisse choir le sac à l'intérieur.

Nasrudin est allongé sur son lit, cherchant quel mauvais tour il pourrait jouer au farceur. Il entend le tintement des pièces, trouve le sac, fait le compte.

-- Ecoute, dit-il à sa femme, le destin m'envoie la somme que je devrai verser si je perds le pari. Il ne me reste plus qu'à élaborer un plan pour me payer la tête du farceur qui doit m'attendre impatiemment à la maison de thé.

93. Question sans réponse

A la maison de thé, on s'était régalé toute la soirée des paradoxes et idioties du Hodja, lorsque pour finir, quelqu'un lui demanda :
-- Nasreddin, toi qui as réponse à tout, y a-t-il seulement une question à laquelle tu serais incapable de répondre ?
-- Bien sûr, mais il faut que ce soit une vraie question.
-- Qu'entends-tu par-là ?
-- Eh bien ! Une fois, par exemple j'étais en train de voler du blé dans la grange de mon voisin lorsqu'il est arrivé à l'improviste, me prenant la main dans le sac. Il m'a demandé : Nasreddin que fais-tu là ? Je n'ai pas su quoi lui répondre !

94. Je l'ai retrouvée

C'est jour de marché. Il y a sur la place, comme d'habitude une grande affluence de gens qui vont, viennent, parlent fort, gesticulent, tout à la joie de faire de bonnes affaires et de rencontrer des amis. Nasreddin Hodja se mêle à la foule et déambule avec les autres lorsqu'il découvre par terre une petite pièce de monnaie. Aussitôt il la ramasse et monte sur la terrasse d'une maison :
-Holà ! Vous tous, crie-t-il en brandissant la pièce, cessez de vous agiter ainsi, je l'ai retrouvée !

95. Ramadan

Cette année-là, le mois du Ramadan tombait en plein milieu d'un été torride. Déshydraté, Nasreddin, ne pouvant plus attendre l'heure de la rupture du jeûne, s'approche discrètement d'une fontaine. Enfin, il peut boire un peu d'eau.

-- Mais que fais-tu Hodja ? N'est-ce pas un péché de rompre le jeûne avant l'heure ? dit un passant.
-- Tais-toi ! Le Ramadan revient chaque année, mais moi, si je meurs, je ne reviens plus !

96. Les effets de la boisson

-- Oh ! Fatima chérie, dit Nasreddin, la boisson te rend si belle !
-- Mais je n'ai rien bu, dit sa femme.
-- Bien sûr, rétorqua Nasreddin, mais moi si, j'ai bu.

97. La question de la question

On demanda à Nasreddin :
-- Comment se fait-il que vous répondiez toujours à une question par une autre question ?
-- Je fais cela, moi ? répondit Nasreddin.

98. Grave question

Les anciens du village essayèrent, un jour, de résoudre une question sérieuse : si le fleuve prenait feu, où donc les poissons pourraient-ils s'enfuir ?

Après de longues délibérations, n'ayant pas trouvé de solution, ils allèrent consulter Nasreddin. Celui-ci, après les avoir écoutés, s'écria :
-- Pourquoi vous inquiétez-vous ? Si vraiment le fleuve prenait feu, les poissons pourraient grimper dans les arbres !

99. Le bol de lait

Nasr Eddin rencontre Diogène

Nasreddin est invité chez un riche. La collation servie est un délicieux lait de chamelle bien frais saupoudré de cannelle. L'hôte s'en sert un plein bol, mais il ne remplit qu'à demi celui de son invité. Nasreddin commence à s'agiter sur son siège cherchant partout autour de lui.

-- Qu'est-ce que tu voudrais, Nasreddin ? une cuiller, du sucre ?

-- Non, une scie. J'aimerais enlever le haut de mon bol, qui ne me sert à rien

.

100. Enfer ou paradis ?

A la fin de son prêche consacré aux souffrances qui attendent les damnés dans l'autre monde et aux joies réservées aux élus, l'imam s'écrie :
-- Ô croyants! Que ceux qui veulent aller en enfer se lèvent!
Tout le monde reste assis, tête baissée.
-- C'est bien, musulmans! Alors maintenant, que ceux qui veulent aller au paradis d'Allah se manifestent!
L'assemblée des fidèles se met debout comme un seul homme, à l'exception de Nasr Eddin qui reste assis.
-- Eh bien, Hodja, il faudrait te décider! Tu ne veux pas non plus aller au paradis, à ce que je vois...
-- Non, allez-y, vous. Moi, je reste ici.

101. Nasreddin et le pommier

Nasreddin plantait un pommier dans son jardin quand le sultan vint à passer ; il s'arrêta et dit à ce premier d'un ton moqueur :
-- Voyons, Hodja! Pourquoi te donnes-tu tant de peine ? Tu ne mangeras jamais les fruits de ce pommier. Tu sais bien que tu mourras avant qu'il ne commence à produire des pommes.
Ce à quoi Nasreddin répondit :
-- Ô Sultan ! Nous mangeons les fruits des pommiers plantés par nos pères, et nos enfants mangeront les fruits des pommiers que nous plantons.
Cette réponse pleine de sagesse plut au sultan qui, en récompense, donna une pièce d'or à Nasreddin.
-- Ô Sultan ! fit à nouveau Nasreddin en empochant la pièce, voyez comme ce pommier a déjà donné des fruits.
Cette remarque fit rire le sultan, qui lui donna une autre pièce d'or.
-- C'est de plus en plus extraordinaire, s'écria Nasreddin. Voilà un pommier qui donne deux récoltes par an.

Le sultan se mit à rire aux éclats et donna une troisième pièce d'or au Hodja.

102. Un régime efficace

Quand Nasreddin exerçait la médecine, un homme obèse vint le trouver.
-- Vois-tu Hodja effendi, je ne peux plus respirer, je marche avec difficulté avec ce ventre énorme. Hodja effendi, il faut me trouver un remède.
-- Hélas pour toi, je ne peux rien, ta maladie n'a pas de remède efficace. Dans un mois, tu seras mort.
Rentrant chez lui désespéré et ne songeant plus qu'au repos de son âme, l'homme s'est tellement plongé dans la prière qu'il en oublia de s'alimenter. Au bout d'un mois, comme il ne se passait rien et qu'il était toujours vivant, il retourna voir le Hodja, en colère cette fois-ci :
-- Espèce de charlatan, à cause de toi, je viens de vivre un mois d'angoisse que je ne suis pas prêt d'oublier et cela pour rien !
-- Comment pour rien, regarde ton ventre, il a disparu ! Et surtout pense à me payer le prix de la consultation.

103. Une baisse de moral

Un voisin du Mullah était venu le voir pour lui conter ses malheurs. Il semblait visiblement bien attristé par ce qui lui était arrivé dernièrement, des problèmes divers et variés, auxquels s'ajoutaient des inquiétudes sur la marche du monde.
Nasrudin, assis sur le banc à côté de son voisin, écoutait patiemment, sans un mot. Soudain, alors que son voisin continuait de se lamenter sur son sort, le visage de Nasrudin s'éclaira :
-- Voisin, tu aimerais pouvoir être dégagé du besoin de travailler pour nourrir ta famille ?

-- Oui, répondit le voisin qui venait de se plaindre du temps passé en voyages pour vendre ses marchandises.

-- Voisin, tu voudrais pouvoir rester faire la sieste à l'ombre d'un arbre frais quand tu le souhaites ?

-- Oui, fit le voisin avec un visage qui commençait à s'éclairer.

-- Voisin, tu voudrais pouvoir passer ton temps à jouer ou à te détendre sans rendre de comptes à personne ?

-- Oh oui ! fit le voisin qui commençait de reprendre espoir.

-- Voisin, tu voudrais que l'on te donne de l'affection seulement quand tu viens en chercher, sans rien te demander en retour ?

-- C'est bien cela Hodja ! Que tu es clairvoyant ! dit le voisin avec ardeur.

Nasrudin se leva d'un bon et se mit à courir en direction du village. Le voisin se leva du banc sur lequel il était assis et héla Nasrudin avant qu'il ne soit trop loin.

-- Mais Hodja, où vas-tu ?

-- Je cours à la mosquée prier Allah de te transformer en chat !

104. L'altercation

Nasrudin, assis sur un banc du village, se tenait à l'ombre d'un palmier, à côté de son âne.

Un client arriva dans une boutique et aussitôt une violente dispute s'engagea entre ce dernier, le marchand et sa femme venue en renfort. Tous s'agitaient, criaient fort, faisant de grands gestes, des moues agressives et en se désignant tout à tour du doigt. Bientôt, un attroupement se forma auquel se mêlèrent le cadi et l'imam, bientôt agités, eux aussi, par de grands mouvements de colère.

Nasrudin tira sur la bride de son âne et s'épancha :

-- Vous les ânes, vous avez de la chance. Vous ne vous agitez pas ostensiblement pour vous prouver que vous existez !

105. Celui qui sait

Nasr Eddin rencontre Diogène

Un jour, Nasrudin décida de voyager pour parfaire son savoir. Quand un jeune homme lui demanda quels gens il allait chercher à rencontrer, il dit, se rappelant quelques sages paroles entendues au marché :

-- Celui qui ne sait pas et ne sait pas qu'il ne sait pas, il est stupide. Il faut l'éviter.

« Celui qui ne sait pas et sait qu'il ne sait pas, c'est un enfant. Il faut lui apprendre.

« Celui qui sait et ne sait pas qu'il sait, il est endormi. Il faut le réveiller.

« Celui qui sait et sait qu'il sait, c'est un sage. Il faut le suivre. »

Nasrudin marqua une pause puis continua :

-- Mais, vous savez combien il est difficile, mon fils, d'être certain que celui qui sait et sait qu'il sait, sait vraiment.

106. L'homme qui marchait sur une seule jambe

Le Mullah Nasrudin marchait sur une seule jambe. De fait, il sautillait pour se déplacer, une jambe relevée pour qu'elle ne touche pas le sol. Son voisin lui dit :

-- Mullah, pourquoi marches-tu sur une jambe ? Tu t'es blessé ?

-- Non, répondit le Mullah, pourquoi ? Toi aussi tu marches sur une jambe.

Le voisin rit.

-- Tu te trompes Mullah, je marche sur mes deux jambes.

Nasrudin s'approcha en sautillant et toucha fermement une jambe du voisin.

-- Tu marches avec cette jambe ?

-- Oui, répondit le voisin.

-- Tu vois, tu marches sur une jambe toi aussi !

Le voisin rit.

- -Mais Mullah, tu te moques de moi ? J'utilise aussi l'autre jambe.

Nasrudin utilisa sa jambe relevée pour poser un chiffon.

-- Moi aussi voisin, j'utilise l'autre jambe. Utilises-tu, oui ou non, cette jambe pour marcher ?

- -Oui Mullah, mais...

-- Donc tu marches sur une seule jambe ! Comme tout le monde, en fait ! Donc tout va bien ! Bonne journée voisin !

107. L'homme riche et la foi

Un homme riche de toutes les choses du monde était venu voir Nasrudin. Ce dernier était assis aux côtés d'un derviche à la robe trouée.

— Nasrudin, on dit que tu es un homme sage. Dis-moi ce qu'est la foi véritable.

— Que veux-tu savoir ? demanda Nasrudin.

— Nasrudin, j'ai tout ce qu'un homme peut posséder, et pourtant, je ne connais pas la foi véritable.

— Pourquoi voudrais-tu connaître la nature de la foi ?

— Mais pour connaître Allah.

Nasrudin regardait son âne.

— Que crois-tu donc qu' est la foi véritable?

— Elle est croyance ?

— Ça, oui.

— Elle est culture ?

— C'est possible.

— Elle est crédulité ?

— Bien sûr.

— Elle est mystification ?

— Regarde-moi !

— Elle est superstition ?

— Ça ne fait aucun doute.

— Elle est absence de logique ?

— Oh que oui.

— Merci grand Cheikh, dit l'homme en se levant et en s'en allant.

Un instant passa. Le derviche demanda :

— Nasrudin, pourquoi avoir toujours dit oui ?

— Pour lui servir le plat qu'il voulait consommer. Et pour protéger mon sirr.

108. La pièce d'or

Un jeune homme impétueux vint voir Nasrudin tandis que celui-ci récurait les sabots de son âne.

-- Mullah, lui dit ce dernier, voudrais-tu gagner de l'argent ?

-- Non, répondit le Mullah sans même le regarder.

Le jeune homme, visiblement contrarié, s'approcha du Mullah.

-- Mullah, je suis prêt à te donner cette pièce d'or si tu réponds à une question.

Le Mullah se redressa en frétillant.

-- Par Allah, certainement, car j'aime les questions !

-- Il s'agit d'une question que je me pose et aucune réponse que l'on m'a donnée ne me convient.

-- Pose ta question, fit le Mullah.

-- Qu'est-ce que la Voie ?

Le Mullah prit la pièce et dit :

-- Voilà ma réponse : regarde.

Nasrudin lança la pièce dans un étang proche empli de vase. La pièce brillante fut rapidement enfouie sous la vase et devenue invisible.

-- Mais tu es fou Mullah ! Cette pièce valait beaucoup d'argent !

-- Peut-être, mais ma réponse valait largement le prix que tu as payé !

109. Les qualités

Nasr Eddin curait les sabots de son âne. Un jeune homme arriva avec empressement.

— Hodja, enseigne-moi le secret des qualités.

Nasr Eddin continua son fastidieux travail.

— Tu ne dois pas curer les sabots de ton âne, lui répondit-il.

Le jeune homme répliqua :

— Mais Hodja, c'est ce que tu fais ?

— Oh, mais ce n'est pas ce que tu crois !

— Mais si tu ne cures pas les sabots de ton âne, que fais-tu ?

— Justement, je cultive mes qualités.

Le jeune homme ne semblait pas comprendre. Le Mullah se redressa et lui dit :

— C'est simple : tu cultives tes qualités en cherchant à te libérer de leur inverse.

110. Les illuminés

On demanda un jour au Mullah :

-- Nasrudin, est-ce que certains parmi tes étudiants sont déjà parvenus à l'illumination ?

-- Bien sûr ! Beaucoup d'entre eux, répondit Nasrudin.

-- Mais comment peux-tu en être certain ?

-- C'est facile. Ils ont cessé de me suivre et de suivre quiconque, ils ont cessé de parler sans cesse de «maîtres», d'«enseignements», de «spiritualité» et autres choses du même genre, et ils poursuivent leurs vies libres des peurs et des faux-semblants.

111. L'arnaque

Un ami de Nasrudin parvint à le convaincre à le suivre à un défilé de mode, qu'il n'avait jamais vu. Nasrudin ne sachant pas ce qu'était un tel défilé, accepta, suivit le déroulement du début à la fin et, quand ils furent sortis et que son ami lui demanda son avis :

-- Une gigantesque arnaque, répondit immédiatement Nasrudin

-- Pourquoi dis-tu cela ?

-- Parce qu'on te montre un tas de belles femmes, et à la fin on essaye de te vendre leurs habits !

112. Le poisson et l'océan

Un élève demanda au mollah :
-- Dis-moi, maître, toi qui es bien plus sage que moi, où je peux trouver Dieu ?

Nasreddine regarda avec commisération l'élève et lui répondit :
-- Je te raconterai l'histoire du petit poisson qui cherchait l'océan, et tu comprendras ce que tu comprendras :

Il était une fois un petit poisson dans l'océan. Il vit de loin passer un grand poisson et il cria : « Excuse-moi, toi qui es un plus gros poisson que moi, peux-tu me dire où je peux trouver cette chose qu'on appelle océan ? » Et le gros poisson lui répondit : « L'océan est exactement là où tu te trouves en ce moment-même. – Quoi ? C'est ça l'océan ? Mais ce n'est que de l'eau ! Ce que moi je cherche, c'est l'océan » dit, déçu, le petit poisson et il s'éloigna en nageant rapidement pour chercher ailleurs, si bien qu'il n'entendit pas la suite : « Arrête de chercher, petit poisson. Il n'est pas besoin de chercher. La seule chose qu'il te faut, c'est de regarder ! ».

Et laissant là son élève bouche bée, le mollah rentra chez lui.

113. La prix de la vérité

-- Si vous voulez la vérité, dit un jour Nasrudin a un groupe de chercheurs venus écouter ses enseignements, vous allez devoir payer.

-- Mais pourquoi payer pour quelque chose comme la Vérité ? demanda l'un des membres du groupe.

-- Avez-vous remarqué, dit Nasrudin, que c'est la rareté d'une chose qui en détermine sa valeur ?

114. Les apparences des choses

Un savant en géométrie vint voir Nasr Eddin Hodja, réputé pour sa grande sagesse.

-- Mullah, on m'a raconté que tu te méfiais de la géométrie.

Comment peux-tu douter d'une telle science exacte ?

-- Je ne doute pas, moi, répondit Nasr Eddin, en souriant.

-- Je sais que tu doutes, aussi je vais te montrer que tu te trompes en doutant.

Le savant dessina une ligne dans le sable.

-- Que vois-tu là ?

-- Un point, répondit Nasr Eddin.

-- Un point ? Mais enfin, c'est une droite.

-- Oui, c'est ce que je disais, c'est un point, car je la regarde de face !

Le savant dessina un point dans le sable.

-- Ça, c'est un point.

-- Ah non, là, c'est une droite que l'on regarde de face !

Le savant fouilla dans son sac pour en sortir un cylindre.

-- Que vois-tu là ? Ne vois-tu pas un cylindre ?

-- Oh, je vois plein de choses, un cercle, un rectangle, et des formes encore plus étranges...

-- Mais vois l'objet dans sa globalité ! Comment veux-tu comprendre la géométrie si tu ne reconnais pas bien les objets ?

- -C'est que les apparences des choses sont trompeuses, savant. Je fais comme toi : je ne vois que ce que je veux bien voir. Quand je veux voir les choses dans leur globalité, je n'ai pas besoin de la géométrie !

115. Le philosophe

Un philosophe qui voulait discuter avait pris rendez-vous avec Nasrudin. Il se rendit chez lui mais ne trouva personne. Furieux, il se saisit d'un morceau de craie et écrivit sur la porte de Nasrudin :

"Idiot stupide".

Dès qu'il fut de retour et qu'il lut ces mots, le Mulla se précipita chez le philosophe :

-- J'avais oublié, lui dit-il, que vous deviez me rendre visite. Et je vous prie de m'excuser pour mon absence. Naturellement, je me suis tout de suite souvenu du rendez-vous quand j'ai vu que vous aviez laissé votre nom sur la porte !

116. Le rasage

Un passant aperçoit notre hodja devant une échoppe avec une longue barbe lui mangeant le visage, et une lame de rasoir à la main.
-- Combien souvent pratiques-tu le rasage ? lui demande-t-il.
-- Vingt à trente fois par jour, répond Nasreddine.
-- Mais c'est que tu es un monstre de la nature ! s'exclame le passant.
-- Non, seulement je suis le barbier.

117. Le boiteux et l'écharde

Un boiteux était venu voir Nasrudin. Il lui demanda :
-- Mullah, pourrais-tu faire quelque chose pour que je ne boite plus ?
-- Je ne suis pas médecin ! s'exclama Nasrudin.
-- Mais j'ai déjà vu tous les médecins, dit le boiteux.
-- Et que t'ont-ils dit ? demanda Nasrudin.
-- Ils ne cessent de me dire que je n'ai rien et qu'il n'y a aucune raison que je boite.
Nasrudin prit sa longue barbe dans sa main et parut réfléchir.
-- Boîte un peu pour voir.
Le boiteux boita.
-- Fais voir ton pied.
Le boiteux ôta sa chaussure. Fichée dans le gros orteil, Nasrudin découvrit une énorme écharde.
-- Tu as une écharde dans le pied ! Il est normal que tu boites.
-- Comment peux-tu savoir ? Tu n'es pas médecin. Ce n'est pas une écharde ! C'est mon pied ! Il est comme cela depuis années !
Nasrudin s'exclama :
-- Par Allah, tu as raison ! Je vois une autre écharde, bien plus

grosse celle-là et qui est la raison de ta boiterie. Mais elle est dans ta tête !

118. La soupe de haricot

La femme du Hodja voulut lui jouer un tour, et elle mit sur la table, devant son mari, une assiette de soupe de haricots, encore bouillante, à peine sortie du feu. Mais il arriva qu'elle-même, distraite, en s'asseyant à table, porte une cuillerée de soupe à sa bouche. Bien sûr, son larynx fut ébouillanté, et tout son conduit digestif, et la brûlure lui fit monter les larmes à l'œil. En la voyant ainsi, Nasrudin s'inquiéta :

-- Que t'arrive-t-il, femme ? Est-ce que la soupe est trop chaude ?

-- Non-non, mon hodja, répliqua-t-elle. Mais je viens de me rappeler mon défunt père, qui adorait cette soupe, et ça m'a fait pleurer.

Nasrudin la crut, et il aspira une cuillerée de sa soupe mais, aussitôt, il sentit le feu dans sa gorge, et ses yeux pleurèrent à leur tour.

-- Qu'as-tu donc, mon hodja, que tu pleures comme une madeleine ? demanda la femme, se retenant à grand peine de rire, voyant que son tour avait réusssi, même si elle en avait été la première victime.

-- Je pleure, répondit-il, parce que ton père est mort, ta mère est morte, et toi tu vis encore.

119. La montre

Un européen, à l'occasion d'un voyage d'affaires, avait abouti dans le village où il avait commencé une longue discussion avec le hodja.

Ce dernier restait silencieux tandis que l'occidental exposait avec force détails le tableau de ses inquiétudes passées et présentes. Le hodja lui dit :

— Ami, tu as une belle montre.

En effet, l'occidental avait une belle montre. Celui-ci continua de parler de ses activités, des perspectives de développement de la région dans laquelle il se trouvait, de la difficulté de nouer des contacts durables avec les gens du cru. Le hodja lui répéta :

— Ami, tu as une belle montre.

Intrigué, l'occidental se demanda si le hodja ne souhaitait pas posséder la montre. Pourtant, semblant oublier cette question aussi vite qu'elle avait surgi en lui, il se mit à commenter le coucher de soleil et à le comparer avec ceux qu'il avait vu en Europe. Le hodja lui dit à nouveau :

— Ami, tu as une belle montre.

— Elle est très belle, en effet, et elle coûte très cher. En souhaiterais-tu une identique ?

Le hodja sourit en faisant non de la tête.

— Ami, tu as une belle montre mais tu n'as pas le temps. Moi, je n'ai pas de montre, mais j'ai le temps.

120. Fâchés

Nasrudin s'était fâché avec le wali, et ils sont restés un long moment à couteaux tirés. Puis le wali est mort, sans qu'ils se soient réconciliés.

Au moment où ils allaient l'accompagner en sa dernière résidence, quelques amis vinrent trouver le hodja pour le prier de lire les prières adéquates, et les versets appropriés du Coran sur la dépouille du mort. Le hodja s'interrogea :

-- Mais ... Que sais-je ? Il était fâché contre moi ; voudra-t-il ?

121. Le cheval

Nasreddine fut invité, avec d'autres dignitaires, par un richissime propriétaire terrien anglais, dans son immense propriété. Tous les invités étaient rassemblés dans le jardin et buvaient un rafraichissement. Vint l'heure de l'équitation et le maître de maison ordonna qu'on amène devant ses invités plusieurs chevaux, de façon à ce que chacun puisse choisir le sien.

Les chevaux furent amenés, et commencèrent à défiler devant les hôtes, tandis que l'écuyer – le maître d'écurie – présentait les chevaux un par un : « Sur ce cheval est monté le prince Untel, avec ce cheval la contesse Unetelle a fait de l'équitation, ce cheval fut monté par le duc de Machin... » etc.

Nasreddine pourtant, qui ne mordait pas à ces appâts-là prononça d'un air sévère et exigeant :

-- Amenez-moi, je vous prie, un cheval jamais monté.

122. Violence et pleurs

Notre hodja s'arrêta, alors qu'il traversait une place où s'assemblait une foule dense qui écoutait les annonces d'un maître et sage.

-- Qu'est-ce que la vie ? Qu'est-ce que la mort ? D'où venons-nous et où allons-nous ? clama le maître.

-- Je ne sais pas, répondit spontanément Nasreddine, mais il faut que le « viens » et le « va » soient terribles.

-- Pourquoi dis-tu cela, demanda son voisin.

-- Parce que j'ai simplement remarqué qu'on arrive dans la vie par la force et dans les pleurs, et que quand on la quitte, c'est également dans la violence et les pleurs.

123. Changement de maison

Des voleurs entrèrent une nuit dans la maison du hodja et prirent tout ce qu'ils pouvaient emporter. Immédiatement après leur départ, Nasr Eddin, qui faisait semblant de dormir dans un coin, se leva, chargea sur son épaule des objets qui étaient restés, et le suivit de loin ...

Quand il les vit s'arrêter devant une maison et enfoncer la clef dans la serrure, il courut et leur lança :

-- Cela suffit ! Posez tout là par terre, et moi je les rentrerai, parce que je veux ranger à mon goût ma nouvelle demeure ! Dites-moi seulement ce que vous voulez pour votre peine, et que la bénédiction du Seigneur soit avec vous.

124. Reconnaissance

On vola, un jour, de l'argent au hodja. Inconsolable, il courut à la mosquée où il ne cessa de pleurer et se lamenter auprès de Dieu, toute la nuit durant, disant et répétant inlassablement :
-- Oh mon Dieu, que t'ai-je fait que tu aies permis qu'on me vole mon argent ?

Au matin, il sortit de la mosquée et descendit vers au bord la mer. Là, de désespoir, il s'agenouilla sur un rocher et continua ses plaintes à Dieu, les yeux constamment levés au ciel.

A ce moment-là, il advint qu'un caïque soit en péril à peu de distance en mer. Ceux qui étaient à l'intérieur, voyant le hodja dans cette position, pensèrent qu'il priait pour leur salut, et se promirent de le récompenser s'ils s'en tiraient. Et, en effet, ils parvinrent à se sortir de leur péril ; ainsi, mettant pied à terre, ils donnèrent au hodja ce qu'ils s'étaient promis. Et Nasrudin, en prenant l'argent :
-- Loué sois-tu Seigneur, qui après une nuit de pleurs dans ta mosquée, m'as rendu mon argent !

125. Le veau désobéissant

Un jour, le veau de Nasrudin meuglait et courait de-ci de-là, à la recherche de sa mère. Le hodja prit un bâton, lui courut après et le frappait.
-- Pourquoi frappes-tu cette malheureuse bête, hodja ? Que t'a-t-il fait ? demandèrent quelques amis qui l'avaient vu de loin.
-- Il me fait des misères et n'obéit pas, ce foutu animal ! répondit-il. Et les amis entre eux, en s'en retournant :
-- Il a bien raison, le traître hodja ! Le veau n'est plus si petit ! Il est grand temps qu'il apprenne les bonnes manières !

126. Du plaisir

A une certaine période, Nasrudin avait un bœuf avec un front plat et de longues cornes, entre lesquels un homme aurait pu s'asseoir. C'est ce à quoi il pensait justement, un jour qu'il admirait son bœuf au champ, et il lui prit donc fantaisie de s'asseoir une fois entre les cornes de la bête.

L'occasion se présenta enfin, un jour où il vit le bœuf allongé dans la cour.

-- Ha ! fit-il joyeux, enfin je vais pouvoir réaliser ce que je désirais.

Mais, au moment où il tentait de prendre place entre les cornes de l'animal, le bœuf énervé se leva subitement et l'a lancé comme une toupie à distance respectable, où il retomba étourdi et la tête brisée. Sa femme et sa fille accoururent aussitôt, et le transportèrent dans son lit, où elles entamèrent les pleurs et les plaintes, le lavant et épongeant le sang, et tentant de le ranimer par des frictions.

A la fin, le hodja se remis de son évanouissement, et, entendant les cris des femmes, leur dit :

-- Taisez-vous, bon sang, les femmes ! Ce que vous pouvez être pénibles ! Eh ! Quoi ! Je me suis écrasé, oui ! mais, à la toute fin, le diable l'emporte, j'ai enfin réalisé mon rêve !

127. La leçon

Le mollah dit un jour à son élève :

-- Ne donne jamais ce qu'on t'a demandé, sans laisser s'écouler au moins un jour.

-- Et pourquoi donc ne pas le donner tout de suite ? fit l'élève, surpris.

-- Parce que, la vie nous a démontré qu'on apprécie ce que tu donnes, seulement quand on a obligatoirement le temps de douter si on va leur donner ou pas.

128. Tout a une raison

Dans l'après-midi, terriblement affamé, Nasreddin entre dans un restaurant, commande à manger et, à peine lui a-t-on apporté les plats qu'il se jette goulûment dessus et mange avec ses deux mains, sans utiliser ni fourchette ni couteau. Une de ses connaissances, assis à la table voisine, lui demande :
-- Pourquoi manges-tu ainsi avec tes deux mains, hodja ?
-- Parce que je n'en ai pas plus.

129. Impassibilité

Une certaine nuit, un voleur s'introduisit dans la maison de Hoxha, et sa femme apeurée le réveilla et lui dit :
— Hoxha, un voleur est dans la maison.
Et Hoxha :
— N'aie pas peur, femme ! S'il trouve quoi que ce soit, je lui donne le droit de m'arracher les poils de ma moustache...
Ces mots ont persuadé le voleur d'abandonner ses affaires et de partir.

130. Le loup

Un jour, Nasreddine emmena son élève et partirent chasser le loup. Ils parvinrent au terrier du loup, et l'élève s'y faufila.
Le loup en était absent, mais il rentra peu après et, au moment où il entrait dans son terrier, le mollah, jaillissant d'un buisson à proximité, où il s'était caché, attrapa le loup par la queue. Ce dernier commença à s'agiter, et dans ses mouvements brusques, soulevait de la poussière qui entrait dans les yeux de l'élève. Celui-ci, en se frottant les yeux, émit :
-- Quelle poussière !
-- Si la queue du loup me reste entre les mains, tu vas voir quelle

poussière ! repartit le mollah.

131. Les résultats d'un conseil

Nasr Eddin, du temps où il était maître d'école, avait appris aux enfants, lorsqu'il éternuait, à crier « Santé ! » et à applaudir. Un jour, il arriva que le seau tombât au fond du puits, et le mollah demanda aux enfants d'y descendre pour le sortir.

Comme les élèves avaient peur, et ne voulaient pas descendre au fond du puits, le mollah se fâcha, enroula une corde autour de sa taille, descendit dans le puits en demandant aux enfants de bien retenir la corde et, quand il les avertirait, de le hisser à l'extérieur. Il arriva au fond, s'empara du seau, et les enfants commencèrent à le haler vers la lumière.

Tout allait bien, jusqu'au moment où il arriva au bord du puits quand, par une diabolique circonstance, il éternua. Les enfants alors, conformément à son principe, lâchèrent la corde et se mirent à battre des mains en criant « Santé, maître, santé ! ».

Le hodja n'eut pas le temps de s'agripper nulle part, et tomba à la renverse dans le puits, dégringolant avec élan, heurtant sa tête à droite et à gauche contre la paroi, il parvint lourdement au fond, la tête cassée et les membres rompus. Quand enfin les élèves arrivèrent à l'extirper du piège, il leur murmura dans un souffle :

-- Ce n'est pas de votre faute, mais de la mienne, moi qui comme une mule vous ai appris à me faire cet honneur avec pour résultat que je me rompe presque le cou !

132. Pour ne pas se perdre

Alors que Nasreddine était encore jeune, les hasards du sort le conduisirent à quitter les vallées et les montagnes pour descendre à la ville. Il y trouva une cité envahie par la foule, pleine de cris, animation et de bruits, qui l'assourdirent. Les foules inquiètes couraient comme des fourmis de tous les côtés, avec fièvre et empressement, poussant, bousculant, marchant sur les pieds du pauvre hodja, de sorte qu'à la fin il perdit un peu la tête et chercha en vain un coin tranquille pour se reposer et réunir ses idées éparpillées.

-- Si je continue à rester dans la foule, se dit-il, je vais finir par me perdre complètement, et ne jamais me retrouver. Je dois porter sur moi une marque pour me reconnaitre.

Il avait sur lui une gourde faite dans une courge desséchée. Il l'attacha à sa jambe.

-- Maintenant, il n'y a plus aucune crainte que je me perde dans ces rues envahies par le monde. Où que je sois, il suffit que je regarde ma gourde et que je dise : « Voilà ! je suis là ! ».

Comme il errait ainsi, la gourde attachée à sa cuisse, un compère rusé le vit et comprit immédiatement l'idée secrète du hodja ; il se mit en tête de lui jouer un tour. Donc, il le suivit, jusqu'à ce que l'infortuné trouve, enfin, un coin isolé où il s'affala, épuisé, et s'abandonna au sommeil. Alors, le satané compère dénoua la gourde de la jambe du hodja pour l'attacher à la sienne, avant de s'allonger à son côté. Quand Nasreddine s'éveilla, il vit la gourde à la jambe de son voisin, et il faillit devenir fou. Il le bouscula alors et lui dit :

-- Eh toi ! Effendi, lève-toi et va-t'en d'ici, que tu m'emmêles mes idées ! Nous voilà bien, maintenant ! Je suis complètement perdu, et je ne sais plus qui je suis de nous deux. Par Dieu, je ne sais pas ! Si je suis moi, alors comment se fait-il que ma gourde sois attachée à ta jambe ? Et si je suis toi, alors moi, qui suis-je ? Je n'y comprends plus rien ! Qui suis-je donc de nous deux ?

133. L'intelligence du fils

Un jour, des invités, auquel le hodja vantait l'intelligence de son jeune fils, montrèrent à l'enfant une aubergine et l'interrogèrent :

-- Qu'est-ce que c'est que ça ?

Et l'enfant de répondre :

-- Un jeune veau qui n'a pas encore ouvert les yeux.

Et le mollah, se rengorgeant :

-- Vous voyez ? Il a tout appris tout seul. Moi je ne lui ai rien appris.

134. Le meilleur âne

Un paysan ayant égaré son âne vint trouver le mollah pour lui demander de prononcer quelques mots à la mosquée, pour que quiconque le trouverait le restitue à son maître légitime, car c'est péché devant Dieu qu'un homme conserve un bien ne lui appartenant pas. Le mollah s'est rendu à la mosquée à l'heure de la prière, et, après la génuflexion, annonça :

-- Oh musulmans ! que celui qui n'a jamais bu de sa vie du vin, de raki, ou d'autre boisson enivrante ; celui qui n'a jamais commis d'abus, d'orgies ou d'autres excès ; celui qui n'a jamais joué aux échecs, au tavli ou aux dés ; celui qui ne s'est jamais retrouvé dans toute de sorte de compagnie ou d'amusement ; qu'il s'avance pour que je le voie.

Tous les présents à la mosquée l'entendirent, réfléchirent que chacun, peu ou prou, avait déjà fait dans sa vie ce que décrivait le mollah, mais personne n'osa s'approcher. Pourtant, l'un d'eux s'avança et dit :

-- Moi, de toute ma vie, je n'ai bu ni vin, ni raki, je n'ai pas commis d'excès, ni joué à des jeux, ni n'ai pris part à aucun amusement.

Alors, le mollah se retourna vers celui qui avait perdu son âne et dit :

-- Voilà, c'est lui ! Prends-le ! Parce que tu ne trouveras jamais meilleur âne !

135. Contrebande

Nasreddin avait coutume de traverser journellement les frontières de son pays avec son âne, chargé de deux couffins plein de paille. Comme il avait reconnu son activité de contrebandier, et qu'il rentrait chaque soir éreinté, les douaniers à la frontière le fouillaient systématiquement. Ils le fouillaient lui, ils fouillaient la paille, la trempant dans l'eau, la brûlant parfois, sans rien trouver. Pendant ce temps, il était évident qu'il devenait de plus en plus riche.

Au bout de quelque temps, il cessa et partit vivre dans un autre pays. Là, à un moment donné, il croisa un des officiers douaniers, qui l'apostropha :

-- Tu peux bien me le dire maintenant, Nasreddin ; qu'est-ce que c'était que tu importais – exportais continuellement et dont tu faisais contrebande ?

-- Les ânes, répondit le hodja, en s'esclaffant.

136. La vérité

Un élève demanda au hodja :
-- Qu'est-ce que la vérité, maître ?
Et le mollah de répondre :
-- Quelque chose que je n'ai jamais dit en aucune circonstance, et qu'il n'est pas question que je dise.

137. A la banque

Nasrudin entra un jour dans une banque avec un chèque qu'il voulait encaisser. L'employée derrière le guichet le prit, l'examina dans tous les sens en le tournant et le retournant entre ses mains, voulant certainement avoir la preuve de l'identité du hodja, elle demanda :

-- Avez-vous quelque chose sur vous qui prouve que vous êtes bien qui vous dites ?

-- Bien sûr, répondit le hodja.

Et il sortit de sa poche un petit miroir dont il se servait pour se coiffer les cheveux et la barbe. Il le tourna vers son visage et du doigt il montra son image à la dame en lui précisant :

-- Regardez, c'est moi. Voyez mon miroir qui le montre.

138. Nyctalope

Nasreddin dit un jour à ses élèves :
-- Je peux voir même dans l'obscurité.
-- Peut-être bien qu'il en est ainsi, maître, rétorqua un élève, mais s'il en est ainsi, pourquoi quand tu sors la nuit tiens-tu une bougie ou une lampe ?
-- Pour que les autres me voient et ne me tombent pas dessus.

139. Qui suis-je ?

On invita un jour le mollah à prendre la parole dans un pays où il n'était jamais allé. Enfermé dans sa chambre avant le discours, alors qu'il pensait à des choses et d'autres, il prit soudain conscience qu'il ne savait pas vraiment qui il était. Il sortit donc dans la rue et commença à regarder autour de lui, des fois qu'il rencontrerait quelqu'un qui le reconnaitrait. Il y avait beaucoup de monde mais, comme il était étranger à la ville, il ne rencontra aucun visage connu. Il entra dans une menuiserie.
-- Que voudriez-vous acheter ? demanda l'artisan en venant vers lui.
-- Rien, répondit Nasreddine
-- Peut-être voudriez-vous quelque chose fabriqué dans du bois ? insista l'artisan.
-- Une chose après l'autre, répliqua le mollah. Pour commencer, tu m'as vu entrer dans ton échoppe ?
-- Oui, je vous ai vu, effendi.
-- Bien. Maintenant, m'as-tu déjà vu jamais ?
-- Jamais, de ma vie entière, répondit l'artisan
-- Et alors, comment sais-tu que c'est moi ?

140. Le gourou

A une époque, le mollah rencontra un gourou, et ils commencèrent à discuter de différents sujets de connaissance de soi et de travail ésotérique. A un moment, la discussion portait sur le thème de l'ego de l'homme et de la correspondance que les gens avaient avec cela. Le gourou émit :

-- Moi je suis tellement détaché de tout, que je ne pense jamais à moi, mais aux autres.

A quoi le hodja répliqua :

-- Moi je suis tellement objectif avec toute chose que je peux me considérer comme si j'étais quelqu'un d'autre, ce qui me permet de penser à ma propre personne.

141. L'émir et la femme du hodja

L'Emir a une fois fait une visite au Vilayet avec son entourage et est passé devant le village de Hoxha, où certaines femmes, dont l'épouse de Hoxha, lavaient des vêtements dans le ruisseau. L'Emir se leva et les regarda. Les autres femmes baissèrent les yeux de honte et de lâcheté, mais la femme d'Hoxha leva les yeux avec toupet et dit à l'émir:

-- Que regardes-tu, dis donc ? On te plait ?

L'Emir demanda à quelqu'un qui passait, à ce moment-là, quelle femme était celle qui lui parlait avec une telle arrogance, et il répondit:

-- Elle est la femme de Hoxha.

Le lendemain, l'émir invita Hoxha au palais.

Quand Nasrudin a été introduit:

-- Je veux que, avant ce soir, tu m'amènes ta femme ici !

-- Puis-je vous demander ce que vous voulez, mon Pacha ? demanda Hodja

-- Je veux lui demander quelque chose ! dit l'émir.

-- Si c'est pour une si petite chose, répondit Nasrudin, demandez-le-moi et je vais moi lui demander.

142. Un mariage du Hodja

À une époque où Hodja était veuf, une voisine lui a été envoyée et les papiers ont été signés. Puis les beaux-parents et les invités se sont assis à table et ont commencé à manger. Mais, ils n'ont pas dit à Hoxha de s'asseoir, car ils considéraient cela inutile, car en tant que marié, il n'avait pas besoin d'y être invité. Mais Hodja s'est fâché à ce sujet et a quitté la maison.

Quand le moment est venu pour la "dohul" (le moment où le marié est accompagné de chants à la porte de la cabine nuptiale, et là il est laissé pour entrer seul où la mariée l'attend), ils ont vu que Hoxha avait disparu.

Ils descendirent et regardèrent partout, et le trouvèrent finalement ridé dans un coin du jardin.

-- Allez, Hoxha, que fais-tu ? Il est temps de retrouver ton épouse.

Et Hodja est bouleversé:

-- Vous qui étiez assis et vous êtes gavés, à vous d'entrer, maintenant jusqu'à la mariée!

143. La maladie du mollah

Hodja était alité, gravement malade. Chacun était persuadé qu'il mourrait bientôt. Sa femme s'habilla de noir et commença les larmes et les plaintes. Ses élèves, agglutinés autour de son lit, le considéraient avec une tristesse profonde. Seul le hodja demeurait imperturbable et, de temps en temps, riait.

-- Maître, lui demanda un de ses élèves, comment fais-tu pour affronter la mort avec sang-froid et même en riant par moments, alors que nous qui n'allons pas mourir, sommes emplis d'angoisse à l'idée que tu vas nous quitter ?

-- Très simple, répondit le mollah. En voyant de mon lit, je me dis : « Vous tous avez un air si profondément abattu, que je suis quasiment certain que quand viendra l'Ange de la Mort, la Grande Faucheuse, ils croiront qu'un de vous est condamné et le prendront par erreur, me laissant moi vivre encore ». C'est pourquoi je ris.

144. La sueur du noir

Le mollah avait, fut un temps, parmi ses élèves, un petit noir, noir comme le charbon, qu'on nommait Siaaban. Un jour, la femme du hadja vu des taches d'encre sur son caftan.
-- Qu'est-ce que c'est que ça, Hodja, tu ne peux pas faire attention ? rouspéta-t-elle.
-- Ce n'est rien, femme ! C'est Siaaban qui était en retard ce matin pour son cours ; comme il avait couru tout le long du chemin, il a transpiré, et sa sueur est tombée sur mon caftan.

145. Voyage nu

Un jour, une voiture qui descendait en ville passa devant la maison du hodja. Le mollah se mit aussitôt en tête d'y aller lui aussi, et sans perdre de temps, il courut, nu comme il était à ce moment-là, rattrapa la voiture et y grimpa. Quand ils arrivèrent en ville, les habitants, apprenant l'arrivée du hodja, vinrent à sa rencontre. Mais, le voyant nu comme l'avait fait sa mère, ils lui en demandèrent la raison. Et il expliqua :
-- Bon sang, les enfants ! Je vous aime tant que, dans ma précipitation et ma joie de venir vous voir, j'ai oublié de me vêtir.

146. Facilité de crédit

On demanda au hodja s'il s'était acquitté de ses dettes.
-- Je ne les ai pas réglées, dit-il, mais je les ai facilitées.
-- Comment as-tu pu, sans régler, les faciliter ?
-- Je les ai renouvelées, bande d'andouilles ! rétorqua le mollah.

147. Le pain dur

Nasreddine demanda un jour à son fils s'il avait déjà managé des douceurs Son fils lui fit cette réponse :
-- Non !
-- Et ce que tu manges tous les jours, bon sang, qu'est-ce que c'est ?
-- Ce que je mange tous les jours, c'est du pain sec, releva le fils.
Alors, le hodja de déclarer :
-- Et tu crois, espèce d'imbécile, qu'il y a meilleure douceur que le pain sec ?

148. Compagnie

Après avoir fait ses prières à la mosquée, Hodja entama ses oraisons, priant Dieu de lui accorder l'entrée au paradis et de le préserver des chaudrons de l'enfer. Une vieille qui se trouvait près de lui, et qui l'avait entendu, dit :
-- Mon Dieu, accorde-moi de partager avec cet homme, ce qu'il te demande !
Le mollah fit semblant de ne pas avoir entendu le vœu de la vieille, et continua :
-- Mon Dieu, accorde-moi d'être pendu au gibet, ou de périr de la peste !
La vieille immédiatement, s'exclama :
-- Ô mon Dieu, préserve-moi de ce que demande cet homme !
Alors, le mollah se tournant vers elle :
-- Quelle étrange compagnie est celle que tu cherches ? Tu souhaites ma compagnie pour les joies et les bonheurs que Dieu m'offrirait, mais ne veut pas de ta quote-part des catastrophes que pourrait également vouloir m'envoyer le Seigneur ?

149. Les poules

Une après-midi de sieste, Nasreddine observa depuis sa chambre ses poules qui avaient envahi le jardin et qui picoraient son persil ainsi que les tendres pousses de ses légumes. Il se mit aussitôt en colère et s'adressant au coq, planté insouciant, dans un coin du jardin :

-- Oh con ! Descend de là et regroupe tes femmes !

Mais le coq ne bougea mie. En colère, Nasreddin l'apostropha :

-- Espèce de cocu ! Quand tu veux les sauter, tu les trouves, mais quand ton maître t'ordonne, tu fais semblant de rien ? Bien alors ; si je ne leur tords pas le cou à toutes et te fais veuf, qu'on ne m'appelle plus Nasreddin.

150. La vieillesse du mollah

Bien des années ont passé. La dure aile du Temps est passé aussi sur le hodja, comme sur tout ce qui vécut en ce bas monde, et lui a laissé des traces fatales. La grande faucheuse, la destructrice des passions et des relations sexuelles, qui dissout tout, lui avait enlevé beaucoup parmi les siens, et les autres, la toupie des circonstances les avait éloignés.

Ainsi, seul et abandonné, bossu par les ans et cheveux blancs, octogénaire désormais, Nasreddin était assis devant la porte de sa vieille demeure, se rappelant de vieilles gloires, lorsqu'un autre vieillard, un vieil ami à lui, vint à passer dans la rue. Ils se sont reconnus, se sont donné l'accolade, s'embrassèrent, puis son vieil ami le questionna :

-- Quel âge ça te fait maintenant, Hodja ?

-- Grâce à Dieu, je jouis d'une bonne santé ! répondit Nasreddin

-- Et la situation ? Comment la vis-tu ?

-- Grâce à Dieu, je ne dois à personne !

-- As-tu un quelconque souci qui te trouble l'esprit ?

-- Grâce à Dieu, je n'ai pas de jeunes enfants !

-- As-tu des ennemis ?

Nasr Eddin rencontre Diogène

-- Grâce Dieu, je n'ai plus de proches parents !
Et ce furent là ces dernières sages paroles.

Glossaire

Akçe : souvent appelé en français *aspre* et au Maghreb *nasry*, est une pièce d'argent qui fut l'une des unités monétaires de l'Empire ottoman à partir du XIVe siècle, avant de tomber en désuétude au début du XIXe siècle.

Caïque ou saïque (Grec : Kaïki, Turc : kayık) : type ancien de petits bateaux rustiques, à rames ou à voiles, utilisé au commerce dans le bassin oriental de la Méditerranée.

Cheikh : en Islam, un homme respecté en raison de son grand âge et surtout de ses connaissances scientifiques ou religieuses (c'est-à-dire la connaissance du Coran et de la sunna). Ce titre correspond au sage.

Chorba (chorwa, churpa, chorpa, chorpo et sorpa) : soupe traditionnelle d'Afrique du Nord, des Balkans, de l'Europe de l'Est, de l'Asie centrale, du Moyen-Orient et de l'Asie du Sud

Drachme : unité de masse. La drachme grecque valait 1/100 de mine grecque, donc environ 4,36 grammes. La drachme romaine valait 1/96 de livre romaine – qui représentait trois quarts d'une mine grecque – donc environ 3,41 grammes. La drachme troy anglaise ou gros (symbole dr t) est définie comme 1/8 d'once troy (60 gr) et vaut donc exactement 3,887 934 6 g. On la subdivise en 2,5 deniers (pennyweights) ou 3 scrupules (scruples)

Groschen : monnaie d'argent dans différents pays germaniques au Moyen Âge. Centième partie du schilling, unité monétaire de l'Autriche de 1925 à 2002. En français *gros*, d'une valeur de 12 *deniers*, il apparut au Tyrol en 1271 et se répandit en Europe. La France eut le

gros tournois vers 1263. Le poids moyen de cette pièce d'argent était de 4,5 g

Houri : selon la foi musulmane, des vierges dans le paradis, qui seront la récompense des bienheureux. Ce sont des personnages célestes

Kurban Bayramı : La fête du sacrifice ou fête du mouton est l'une des fêtes les plus importantes pour les musulmans. Elle commémore le sacrifice d'Abraham qui, s'apprêtant à offrir son fils à Dieu, vit s'approcher de lui à l'ultime minute un bélier « envoyé du ciel », ce qui lui permit d'épargner son fils.
Quelques jours avant, les moutons sont apportés de toute l'Anatolie aux portes des villes, parqués sur des terrains vagues et marqués au henné. Les animaux sont égorgés le jour de la fête, au retour de la mosquée. Après le sacrifice, on mange un plat de morceaux de mouton revenus dans leur graisse, le kavurma. Les restes sont distribués aux plus démunis... ou aux voisins.

Mahr : (arabe : مهر) don, selon les prescriptions de l'islam, que l'époux doit faire à l'épouse. Ce don serait une forme d'appréciation et permettrait d'offrir certaines garanties à la femme. Le mahr permet à la femme de survivre seule pendant quelques mois en cas de malheur (décès ou maladie de l'époux par exemple). En Islam, l'homme n'a pas le droit de toucher au patrimoine de la femme qui utilise son argent comme bon lui semble. Parmi les prestations matrimoniales connues, telles la compensation matrimoniale, la dot, le mahr est comparable au douaire.

Mastikha (ou mastic) : résine du lentisque (Pistacia lentiscus var. Chia), récolté selon des méthodes traditionnelles, avec laquelle on fabriquait de la gomme à mâcher, et dont on extrait des liqueurs.

Maulana (en écriture arabe مولانا, également transcrit mawlānā) :

signifie « notre maître » en arabe. On l'utilise généralement pour désigner tout érudit musulman. Il se place devant le nom.

Niqab : voile intégral couvrant le visage à l'exception des yeux. Il est porté par certaines femmes musulmanes, qui visent ainsi à préserver leur pudeur devant les hommes qui leur sont étrangers.

Para : ancienne monnaie divisionnaire de l'Empire ottoman. Il est actuellement une subdivision du *dinar* serbe. Sous l'Empire ottoman, il vaut 1/40e de la *piastre* ottomane, puis 1/4000e de la *livre* ottomane. Lorsqu'il commence à être frappé à la fin du XVIIe siècle, il vaut 3 *akçe*. Il se présente sous la forme de pièce en cuivre et remplace à l'origine le *mangır*. La Turquie l'adopte ensuite comme monnaie divisionnaire de la lire turque, puis il disparaît.

Sherbet : poudre composée de bicarbonate de soude, sucre et arômes, qui se consomme seule ou mélangée à une boisson.

Sirr : terme appartenant au lexique arabe de la spiritualité soufie. Le Sirr, une des six subtilités (Lataif-e-sitta), veut désigner l'inexprimable, l'ineffable, l'incommunicable. Ce "secret spirituel", exprime à la fois le dépôt spirituel (al-amana)dont est garant un maître soufi et la demeure de celui-ci qui est le cœur ou le centre de l'être, symbolisé par la pulpe d'un fruit dans certaines traductions. Il désigne aussi l'influx initiatique du cheikh véhiculé par la pratique spirituelle (dhikr)et par lequel la transmutation intérieure du disciple s'opère.

Tavli (turc : tavla) : jeu de dés, backgammon, jacquet ou trictrac.

Thaler (parfois écrit taler ou talir) : ancienne pièce de monnaie apparue au début du XVIe siècle, et qui circule d'abord en Europe puis dans le reste du monde pendant près de quatre cents ans. Sa taille et son poids en argent (entre 28 et 32 g), varient quelque peu au fil du temps, et sa popularité initiale reste liée, d'une part, au développement des mines d'argent exploitées sur les terres du Saint-Empire romain germanique, et d'autre part, à la puissance de l'Empire colonial espagnol. Devenu monnaie de compte sous Charles Quint, le thaler a un grand impact sur l'économie mondiale aux XVIIe et XVIIIe siècles. Il est l'unité monétaire des pays germaniques jusqu'au XIXe siècle et est considéré comme l'ancêtre du *dollar* américain. Sous Louis XV, le thaler équivaut à un *écu* de 6 livres (écu lanc ou écu d'argent). Le surnom de la pièce de 5 drachmes était « Talliro » (soit Thaler).

Vilayet : subdivision administrative de premier ordre de l'Empire ottoman, introduite avec la Loi des Vilayets, étendue à tout le territoire du Sultan avec une hiérarchie des unités administratives : le vilayet, dirigé par un vali ; le sandjak, dirigé par un mütesarrif ; les districts, sous un kaimakam ; les communes, sous un müdir.

Wāli (ou Vali, arabe : wālin والٍ pl. wulāt وُلاة)°: préfet ; gouverneur ; proconsul ; vice-roi.

BIBLIOGRAPHIE

Diogène Laërce – « Vies, doctrines et sentences des philosophes illustres ».

Élien – « Histoires diverses »

Anonyme - « Τριάκοντα τρία αστεία του Νασρεδίν Χότζα » (Trois cent trois blagues de Nasreddine Hodja) édité à Smyrne ou Constantinople, 1848.

Anonyme - « Οι Ευτράπελες Ιστορίες του Νασρ-εν-ντιν Χότζα » (Les facétieuses histoires de Nasr-en-din Hodja) traduit depuis l'arabe par Costas Trikoglidis, Edité à Athènes, 1921.